MIGUEL VILLAREJO
Y JAVIER SERRANO

Voy a pasar lista por orden cronológico

Edición especial realizada por Editorial Planeta, S.A.

Diseño de la cubierta: Jorge Gil Cerracín
Ilustraciones de cubierta e interior: Luis M. Doyague
Compuesto en J. A. Diseño Editorial, S.L.

Primera edición: agosto 2004
ISBN: 84-08-05460-0
Depósito legal: M-27.440-2004
Impreso por Mateu Cromo

Impreso en España - Printed in Spain

ÍNDICE

Para Mariluz y Amaya.

PRÓLOGO

Por Juanjo de la Iglesia

Los tiempos cambian, qué duda cabe. Lo digo en este caso porque me da la impresión de que el panorama que contemplábamos los españolitos de mi generación durante los años en que crecíamos y nos educaban —es un decir— se parece tanto al actual como los montes de Suiza al paisaje lunar.

Cuando yo estaba en la tierna edad escolar, el reproche, en unas ocasiones humorístico y condescendiente y en otras sencillamente cruel, era el menor de los males de aquel peculiar sistema pedagógico que estaba dando las boqueadas, pero que conservaba un inusitado vigor para un agonizante. Vigor que solía manifestarse, por cierto, en los recios y animosos vapuleos a que eran tan aficionados los maestros de los años sesenta del siglo pasado (al menos los míos) y que tenían por costumbre administrarnos, nunca supe si por creer honradamente que ello despertaba nuestra inteligencia o por una divertida afición al sadismo, sustituyendo la parafernalia del Marqués de Sade, por otros usos más acordes con aquel momento tan católico y tan español. O sea: se zurraban colegiales en lugar de azotar con una fusta nalgas de jovencitas virtuosas.

Por aquellos entonces no creo que a nadie se le hubiera ocurrido dar a la imprenta un libro como éste. Era ya muy famoso, eso sí, un librito antológico —que ha conocido reediciones y variantes hasta nuestros días—que recogía los más insospechados disparates procedentes de exámenes de bachillerato, y que un catedrático se había entretenido en recolectar con la paciencia y el ánimo sistemático de un entomólogo. Es cierto que la cosa hizo reflexionar a más de uno sobre las presuntas bondades del sistema educativo del momento, pero los «paganos» de la reflexión eran los de siempre; los que quedaban como unos auténticos tarugos —dotados, eso sí, de una portentosa capacidad para la improvisación— eran los alumnos, como si sus maestros no tuvieran nada que ver con la fijación en sus mentes del rosario de despropósitos que desgranaba aquella antología. El docto cuerpo profesoral quedaba a salvo de la quema, contemplando con condescendencia a aquella grey de adolescentes que les hacían perder el tiempo y a los que intentaban desasnar sin conseguirlo.

Pero la justicia se abre paso con el tiempo. El libro que tienes en las manos —oh, lector— puede que no sea una venganza, pero se le parece bastante. La venganza... ese plato que mejora su sabor cuando se come frío y que hace que carezca de importancia el tiempo transcurrido entre el agravio y su justa reparación. Tengamos por cierto que el espíritu vejado a lo largo de los años de miles y miles de escolares y universitarios ha guiado la mano justiciera de los autores, quienes en esta obra han conseguido, por lo menos, equilibrar un poco las fuerzas y repartir algunos adjetivos relacionados con la estolidez, la gandulería o sencillamente el despiste, de una forma algo más equitativa.

Seamos, pues, ahora nosotros los condescendientes y contemplemos con indulgencia filial esta ilación de desatinos, procedentes por primera vez del bando contrario, y a los que, por cierto, hemos sabido mantenernos inmunes a lo largo de generaciones. Como decía el clásico: «Soy humano y nada de lo humano me resulta ajeno.» Reconfortémonos entonces con la vigorosa humanidad de nuestros profesores, capaces de meter la pata con el mismo entusiasmo que el más especializado de sus alumnos.

INTRODUCCIÓN: HISTORIA DE ESTE LIBRO

A comienzos de los años ochenta los comunicólogos anunciaron que el siglo XXI sería interactivo o no sería. La tecnología liberadora impediría que los contenidos de los periódicos y los programas de radio y televisión los siguieran decidiendo esbirros al servicio de la Trilateral; los espectadores dejarían de ser esas criaturas pasivas que se tragan estoicamente todo lo que les meten por el tubo catódico; la revolución del mando a distancia les permitiría diseñar sus propios programas, elegir el final de las películas, desterrar a los presentadores cargantes...

¿En qué han quedado todas estas promesas? Es verdad que las emisoras abren ahora sus micrófonos para que los amigos oyentes se desahoguen, pero ahí ya había llegado Encarna y no hemos avanzado mucho más. En cuanto a la revolución del mando a distancia, se ha quedado en la posibilidad de encargar aparatos de gimnasia para bajar la barriga (siempre que acompañes los ejercicios con una dieta estricta de piña), *packs* de CD únicos a precios increíbles (llenos de canciones que ya tienes) y cañas de pescar hiperplegables que caben en cualquier rincón del maletero (en donde presumiblemente pasarán el resto de su vida). Las líneas 906 han añadido finalmente la posibilidad de multiplicar hasta cantidades insospechadas la factura telefónica para llamar a sitios en los que intercambias monosílabos con contestadores automáticos, algo que difícilmente puede considerarse un logro de la civilización occidental.

Hoy nadie se acuerda de aquellas profecías mediáticas, pero a principios de los años noventa, Javier Serrano y Miguel Villarejo se habían tragado a pies juntillas el rollo del periodismo participativo. Acababan de lanzar dos publicaciones para alumnos del entonces llamado COU y universitarios, *Menos 20* y *Menos 25,* y pensaban que si daban con la piedra filosofal de la interactividad se harían inmortales (o por lo menos dejarían de perder dinero tan deprisa).

En 1996 se puso en contacto con ellos otro alquimista de la comunicación, el editor de *Tristes Tigres.* Prácticamente todos los contenidos de aquel periódico de la universidad francesa los aportaban los estudiantes. En la redacción se limitaban a transcribirlos y encajarlos en la maqueta conforme les iban llegando. Cada página era un *collage* de noticias, comentarios y ocurrencias varias. A veces, al terminar de componer alguno de aquellos rompecabezas se daban cuenta de que se les había olvidado rellenar un hueco. Daba igual.

Ponían: «Aquí no se nos ocurría nada que escribir» o mandaban un saludo cariñoso a su madre y a su novia, que les estarían leyendo.

Difícilmente puede concebirse nada más fresco e interactivo. Sin embargo, se conoce que lo que a la gente le gusta es que le enchufen el tubo y le metan la papilla mediática precocinada, porque el logro más espectacular de *Tristes Tigres* era su deuda.

Este detalle no amilanó a Miguel. Su análisis (Miguel no piensa: hace análisis) era que la falta de resultados financieros se debía a que no todo lo que sucedía en las aulas resultaba interesante, aunque algunos comentarios de los profesores sí tenían gracia. Y acceder a ellos parecía tan sencillo como pedir a los alumnos que se los enviaran. *Tristes Tigres* demostraba que estaban deseosos de hacerlo. Miguel tenía incluso pensado el nombre de la sección: *Píldoras.*

Javier era más escéptico. «Le dije a Miguel que eso era una chorrada, que nos íbamos a comer la sección con patatas y que dedicase sus esfuerzos a pensar cosas más útiles y más propias del señor serio y respetable que se suponía que era.»

«Javier tiene algunas virtudes —señala Miguel con la perspectiva que dan los años—. Es un chico simpático e incluso sabe recitar de carrerilla la alineación del Athletic de Bilbao que ganó la Liga en 1984, pero no se puede decir que sea precisamente un visionario.»

«No sé cuánto hace que nos conocemos —comenta Javier—. Lo que sí sé es que Miguel ya era calvo cuando me lo presentaron.»

«Cuando lo conocí, Javier tenía 21 años —replica Miguel—. Y si todavía hoy deja asomar rasgos de clara inmadurez, no es difícil imaginar cómo era entonces: tenía un balón de fútbol en el lugar donde suele estar el cerebro.»

Sacar adelante el proyecto de las «píldoras» con la oposición frontal del jefe de la redacción (Javier) no habría sido sencillo, máxime si se considera que hablamos de una redacción integrada por cuatro personas: los ya mencionados más Ángeles Portillo y Gema Eizaguirre. No obstante, Miguel es un zorro, y supo reconvertir el asunto a la épica infantil en la que vive permanentemente sumergido Javier:

«Será como la venganza del estudiante», le sugirió con tono enigmático.

«¿Venganza?», murmuró Javier irresistiblemente atraído. Javier tiene una visión dialéctica del universo. Para él todo es una lucha permanente de contrarios: espíritu y materia, izquierda y derecha, Real Sociedad y Athletic, profesores y alumnos...

Por misteriosas razones de solidaridad (las mismas que seguramente lo llevaron a hacerse del Athletic aunque vivamos en un país libre en el que nada le impedía ser del Real Madrid), Javier sigue conservando alma de estudiante. No es una posición envidiable. En la cultura occidental, el profesor no sólo ejerce el monopolio de la violencia legítima dentro del aula: también tiene ganada la batalla de la opinión pública. «Ante la sociedad, el maestro pasa por ser una persona sabia, templada, con años de aquilatada experiencia», ha escrito Javier en el prólogo de su inédita *Dialéctica de la enseñanza.* «El estudiante es, por el contrario, un vividor, un pendenciero, un vago, un alborotador, un descerebrado y un pipiolo inexperto o, en el mejor de los casos, un romántico, un soñador, un utópico. Gente impulsiva a la que hay que frenar.»

La idea de que *Menos 20* pudiera asestar un golpe a este reparto tradicional de papeles hacía salivar de lascivia a Javier. «Allá por los años sesenta o setenta (del siglo XX) la *Antología del disparate* había aireado nuestras vergüenzas —explica—. Nos pusieron en entredicho. Hicieron que quedásemos como memos. Hirieron nuestro orgullo. Y nos convertimos en el hazmerreír del país. Pero se acabó.» Las «píldoras» ofrecían a los estudiantes la oportunidad de vengarse. Ahora eran ellos los que iban a cazar al cazador. «Moisés liberó a los judíos de Egipto; Espartaco, a los esclavos de Roma. Ha llegado un nuevo libertador.»

La primera batería de «píldoras» se publicó en febrero de 1996. La acogida superó cualquier previsión. Los estudiantes se lo pasaban en grande coleccionando comentarios. Algunos profesores intentaron disuadirles, pero era peor:

» Como me saquéis en las Píldoras de *Menos 20* os pongo un cero a perpetuidad.

» No me parece justo que toméis nota de que no me sé la tabla periódica y lo mandéis a un periódico. [Cierto: memorizar la tabla periódica es un derroche innecesario de neuronas. Salvo que sea uno el profesor de Química.]

» En esta clase no se puede decir nada: está llena de espías. ¡Y tú, no lo apuntes!

» ¡Eh, tú! Te querías sentar detrás, ¿eh, mamón? Y ahora no me pongáis en el *Menos 20*.

» No me seáis tan pardillos de poner lo que digo en el *Menos 20*.

Ninguna amenaza surtía efecto.

» Como mandéis esto que he dicho al periódico os suspendo a todos. Además, algunos sois mayores de edad, así que os denuncio.

Hay que decir que la mayor parte de los docentes encajaron el golpe con deportividad. Algunos incluso vieron en las «píldoras» el modo de acceder a su pedacito de gloria en este planeta gris e inhóspito.

» ¡Chicos, a ver cuándo veo mi vocabulario en el *Menos 20*!

» Estas «píldoras» del *Menos 20* son buenísimas. ¿De verdad que decimos los profesores tantas tonterías?

» Mi máxima aspiración cuando era pequeño era ser astronauta y salir en la prensa. Lo primero no pudo ser porque en Houston tenían un problema; pero sí ha sido posible lo segundo: he salido en *Menos 20* y, además, con una de mis frases preferidas. Ahora soy más persona, siento una parte de mí realizada. Gracias por inmortalizarme.

» Y yo, ¿por qué no salgo?

En fin, de todo encontrará el lector en los comentarios de este libro: ingenio, resignación, ironía, sarcasmo, desesperación, odio, miedo...

Y contra lo que piensa Javier, el profesor no es siempre el que sale peor parado.

¿Dice cosas raras tu profesor?
Contribuye a inmortalizarlo enviando sus perlas para próximas ediciones a:

ordencronologico@yahoo.es

y

ordencronologico@hotmail.com

1 PRIMERAS IMPRESIONES

Escribe Ortega y Gasset que cada generación es como «un proyectil biológico lanzado al espacio en un instante preciso, con una violencia y una dirección determinadas». La comunicación entre generaciones no es, por tanto, sencilla. Adultos y jóvenes parten de niveles diferentes, separados por años luz de vacío. Ninguno está a la altura de los tiempos del otro. Algunos adultos han atribuido la falta de entendimiento a la política: los jóvenes son fachas o rojos o mediopensionistas. Ortega creía, con razón, que es una explicación ingenua, pues el desacuerdo político es algo muy secundario. En realidad nos separa todo: la política, la biología, la física, la química, la filosofía de la historia, la historia de la filosofía, la ética, la lógica, la sintaxis y hasta los trabajos manuales.

La solución que se ha dado a este enfrentamiento generacional varía de una cultura a otra, pero en general consiste en algún modo más o menos elaborado de *apartheid.* En las sociedades avanzadas, los jóvenes suelen vivir en un mundo de *gameboys*, litronas y *bakalao*, y los adultos en otro de transmisiones deportivas, vídeos de alquiler y viajes organizados. Son planetas diferentes, trazan órbitas preestablecidas que sólo se cruzan para dar lugar a entornos hostiles y poco propicios para la vida inteligente, lo que se conoce como «celebraciones familiares».

Afortunadamente, estos choques son infrecuentes. A no ser que estemos hablando de un profesor o un alumno. Profesores y alumnos están condenados a encontrarse en clase varias horas cada día. Viven en un estado permanente de colisión planetaria. Es una lucha de titanes. Inicialmente cabría pensar que, como el profesor está solo, lleva las de perder. Y es verdad que algunos pasan miedo.

» Que no te avise del examen no significa que me vayas a rajar las ruedas del coche, ¿verdad? *Matemáticas*

Muchos están convencidos de que los alumnos son capaces de las peores atrocidades.

» Un profesor de Filosofía al que le acaban de explicar el experimento que van a hacer en Física dijo: «¡No se les ocurra bombardear un electrón, no vaya a pegar un pedo y desaparezcamos todos!»

Para sobrevivir en esta jungla los primeros momentos son decisivos. Es fundamental entrar pisando fuerte.

» El profesor no consigue cerrar la puerta, que está medio atascada. Forcejea, efectúa varios intentos fallidos: «¡Joder con la puertecita!» Finalmente, la cierra de un portazo. «¡Hala, a tomar por el culo!» *Lengua*

Algunos no logran, sin embargo, disimular su ansiedad.

» El profesor trata de saber el nombre de un alumno mirando en las fichas. Tras una búsqueda infructuosa, exclama: «¡Te escondes hasta en la foto, bandido!» *Filosofía*

» Alumno: «¿Cuándo se pone la fecha del examen?» Profesora: «Espera, majo, que no sé ni en qué clase estoy y, además, es que es difícil saberlo.» *Literatura*

» ¿Qué os sucede, sonrientes criaturas? *Filosofía*

Hay que decir que estos seres apocados son la excepción, por un sencillo motivo: la selección natural los elimina. Los estudiantes huelen el miedo y en el hábitat académico sólo sobreviven los grandes depredadores, que exponen las reglas del juego con toda claridad desde el principio.

» Esto no es una democracia: es una dictadura y yo soy la ley. *Historia*

» Yo tengo el poder, porque tengo la sartén por el mango. *Ciencias Naturales*

» Esto es una cosa entre vosotros y yo. *Matemáticas*

» Lo que yo digo va a misa. *Geología*

Y por si quedara alguna duda:

» Para narices, las mías. *Matemáticas*

Este tipo de comentarios intimidatorios de los docentes son compatibles con otros destinados a fomentar abiertamente el culto a la personalidad.

» Yo soy el doctor de la ley y el profesor ilustre. *Latín*

» Habéis tenido suerte de que sea vuestro profesor de Física. De hecho no hay ningún profesor más perfecto que yo. *Física*

» Soy un genio en potencia. *Filosofía*

» ¡Qué sería de Velázquez sin mí, si no fuera a ver sus cuadros! *Arte*

» Soy la mejor dando clase y no hay nadie que la dé mejor que yo; y es que esto me gusta y soy la mejor. *Enfermería*

» El profesor, tras explicar un complicado experimento: «¿Ven ustedes como sale? Pues los cerdos de ellos todavía no me han dado el Nobel.» *Telecomunicaciones*

» El profesor está dibujando en la pizarra. «Esto es una chapuza, no se ve nada, pero vosotros ya sabéis que en realidad soy un genio.» *Arquitectura*

» Esta gráfica no es capaz de hacerla ni el ordenador más preciso del mundo. *Matemáticas*

» Mi tesis doctoral puede ser tan importante como el descubrimiento de la penicilina. *Derecho*

» Me tenían que dar la medalla al mérito deportivo, como al Induráin. *Matemáticas*

» ¿Dudas? ¿Ninguna duda? Claro, porque la explicación ha sido clara, meridiana, perfecta. *Informática*

» Los hombres célebres no hemos escrito nada: Cristo, Sócrates y yo. *Psicología*

» Yo soy Jesucristo y busco a mis discípulos en mi clase de Matemáticas. *Matemáticas*

» Yo soy Dios, vosotros sois Sodoma y Gomorra y vuestra tutora es Abraham, que viene a interceder por vosotros... Me encantan estos ejemplos en los que yo soy Dios. *Ética*

» Se oye a lo lejos un teléfono, que debe de ser el de Secretaría. «Seguro que llamarán para preguntarme alguna duda.» *Literatura*

Algunos admiten que, pese a todo, pueden equivocarse.

» A un grupo de alumnos que se ríe porque ha cometido un error: «No os riáis. Tengo tantos conceptos en la cabeza que no siempre puedo ordenarlos. Tenéis suerte, es un honor asistir a un error mío.» *Lengua*

» Tras ser advertido por un alumno de que se acaba de equivocar mientras resuelve un ejercicio en la pizarra: «¡Ah, cierto! ¡Ni siquiera yo soy perfecto!» *Álgebra*

Sin embargo, se trata de un fenómeno excepcional. El docente, por definición, nunca se equivoca. Ni siquiera cuando se equivoca.

Yo soy Dios, vosotros sois Sodoma y Gomorra
y vuestra tutora es Abraham…

» Un alumno llama la atención al profesor porque ha escrito un dato equivocado en la pizarra. El profesor, al comprobarlo, exclama: «¿Quién ha puesto eso ahí? ¡Que sea la última vez que alguien se levanta a poner cosas en la pizarra!» *Física*

» Alumno: «Pero usted ha dicho...»
Profesor: «Yo no he dicho nada. Yo sólo hablo en presencia de mi abogado.» *Filosofía*

Además la perfección no es sólo intelectual.

» El profesor va a bajar la persiana por la luz solar que entra de fuera y dice: «Es que los bombones nos derretimos con el sol.» *Lengua*

» Esto es un cilindro macizo. ¡Macizo como yo! *Física*

» Podéis llamarme macho, porque lo soy. *Educación Física*

La perfección abarca absolutamente todas las facetas de la vida.

» Las personas calvas, gordas y con barba presentan una mayor cualidad sexual. *El profesor, de Ciencias Naturales, es calvo, gordo y con barba.*

» El profesor acaba de decir algo gracioso y hay murmullos en la clase. Un alumno que no puede oír protesta: «¡Joder!» El profesor replica rápidamente: «No, si de eso estoy tan flaco.» *Estadística*

Pedir excusas es un signo de debilidad, una equivocación. Sume a los alumnos en una excitación frenética, similar a la de los tiburones cuando olfatean la sangre. Sólo un loco se disculpa ante un adolescente. Es fundamental mantener vivo su sentimiento de culpa.

» Tras pisar a un alumno. «Perdona, Álvaro, pero es que tienes unos pies...» *Matemáticas*

Los primeros días son determinantes, pero sería un error pensar que una vez marcado el territorio puede uno tumbarse a la bartola el resto del curso. La enseñanza es un plebiscito diario y el docente que no defiende su autoridad clase a clase acaba inevitablemente desbordado. Para mantener a raya a una chusma de adolescentes con el equilibrio hormonal alterado, se puede recurrir a la persuasión, la súplica, el poder, el dinero, las amenazas...

» Como no te calles te voy a modificar el cromosoma a ti también. *Biología*

Claro que, como ya adivinó Mark Twain, el arma más eficaz es el humor. «Ante el asalto de la risa, nada se sostiene en pie.» Los mejores aliados del profesor son la ironía y el sarcasmo, que es una especie de «primo de Zumosol» de la ironía. La destreza en su manejo no es un adorno más de la personalidad. Forma parte del *kit* básico de supervivencia del maestro. Esas armas hay que llevarlas siempre cargadas y en perfecto estado de revista, y abrir fuego a la menor provocación. Por ejemplo, una interrupción. Nadie está libre de interrupciones, pero un profesor con sentido de la dignidad obliga a pagar por ellas un precio muy alto: el ridículo.

» ¿Pero usted qué se cree? ¿Qué esto es Alcampo y se entra y se sale cuando a uno le da la gana? *Arquitectura*

» Si después de la primera hora ya tienen que ir al servicio, pues, hombre, pónganse un Dodotis. *Matemáticas*

» Dirigiéndose a una alumna que está limpiando sus gafas. «¿Ha terminado ya la *toilette* de sus prótesis oculares?» *Anatomía*

» El profesor, al ver estirarse y bostezar a un alumno: «¿Qué, Ceballos, nos vamos despejando?» *Literatura*

» Alumna: «¿Puedo ir al baño?»
Profesor: «A ver, inténtalo.» La alumna, un poco desorientada por la respuesta, se levanta y se dirige hacia la puerta. «¿Ves cómo sí puedes?», dice el profesor. *Griego*

» Señorita, como se le vuelva a caer el bolígrafo, le saco los ojos y se lo meto dentro. *Matemáticas*

» Se oyen gritos fuera de clase. «Parece que ha pasado por aquí Tarzán.» *Informática*

» A una alumna que corre porque llega tarde al médico: «No te preocupes, que hierba mala nunca muere.» *Historia*

» Un alumno llega a clase media hora tarde. «Esto es inaudito. Como en el programa de Lobatón, que se van a comprar tabaco y luego ya no vuelven.» *Arte*

» Alumno: «Profesor, ¿puedo salir a tomarme unas pastillas?»
Profesor: «Si son legales...» *Filosofía*

» A un alumno que mueve mucho el pupitre: «Si el pupitre te puede, dale un tortazo tú.» *Literatura*

» Un chaval de diez años se equivoca de aula e interrumpe una explicación del profesor. Éste lo fulmina con la mirada y dice entre dientes: «Niño, cuando estés en COU te voy a matar.» *Inglés*

» Tras una sonora ventosidad de un alumno: «Os largáis uno de éstos por la escalera y la oxidáis de golpe. La próxima vez te traes la funda de látex, por si te rompes.» *Filosofía*

Nadie tiene derecho a perturbar el flujo ordenado de una lección magistral. Nadie.

» El director del instituto entra en clase e interrumpe su desarrollo. El profesor, en tono bajo pero perfectamente audible, comenta: «¿Qué coño querrá ahora el salido éste?» *Filosofía*

» Durante la clase se empieza a oír el claxon insistente de un automóvil. Los pitidos no cesan, dificultando escuchar las explicaciones del profesor. La clase finaliza y el coche sigue pitando. El profesor se despide diciendo: «Y ahora bajo a estrangular al del coche.» *Física*

La interrupción es una prerrogativa sagrada del docente.

» Un alumno interviene en clase. El profesor le corta y el alumno trata de recuperar rápidamente el uso de la palabra para defenderse. En vano.

«No me hables cuando estoy interrumpiéndote», le fulmina el profesor. *Empresariales*

Hay alumnos que, a pesar de todo, se atreven a intervenir en clase, a hacer algún comentario, a preguntar, sea por rebeldía, por ingenuidad o por necesidad. Es igual. Las réplicas del profesor deben ser indiscriminadas y despiadadas, porque cualquier situación es buena para sacudir la tranquilidad del alumno.

» Escribe el profesor en la pizarra: «Potencial.» Un alumno pregunta: «¿Es el potencial lo que estamos dando?» El profesor le contesta: «No, es el sexo de los ángeles.» *Física*

» Alumno: «¿Con la filosofía se puede curar la agresividad?»
Profesor: «No, pero la estupidez sí.» *Filosofía*

» La profesora encarga un trabajo de investigación sobre alguien famoso. Un alumno propone a Carlos Sáinz, «el piloto». Ella dice: «¿Piloto de qué? ¿De lberia? ¿Los pilotos de lberia son conocidos?» *Periodismo*

» Una alumna busca mal una palabra en el diccionario. La profesora le dice: «Busca otra vez. ¡Busca, *Sultán*, busca!» *Inglés*

» Alumna: «¿Mañana hay clase de Filosofía?»

Profesor: «¿Por qué no va a haber?»
Alumna: «Es que preferimos quedarnos durmiendo.»
Profesor: «La clase de Filosofía puede ser una buena oportunidad para continuar el sueño.» *Filosofía*

» Profesor: «¿Tienes frío?»
Alumna con un jersey grueso: «Sí.»
Profesor: «¡Pero si tienes más lana que una oveja merina!» *Inglés*

» ¿Qué quieren: seguimos, descansamos o barra libre? *Matemáticas*

» Te veo muy inquieto. ¿Estás enamorado? *Lengua*

» Alumno: «¿Podemos entregarte más ejercicios para subir las medias?»
Profesor: «Para subir las medias lo que hace falta es un liguero.» *Lengua*

» Alumno: «Yo es que no quiero estar en clase.»
Profesor: «¿Pero dónde vas a estar tú mejor que conmigo?» *Matemáticas*

» Profesora: «Id al tema de la expansión del fondo oceánico.»
Un listillo: «*What page?*»
La profesora, aguantando el tirón: «*One hundred and twenty five.*» *Geología*

» Profesor: «A esta obra, ¿por qué se la conoce como *Patética*?»
Alumno: «Porque era patética.»
Profesor: «¡Anda, cállate, que no estamos hablando de tus notas!» *Música*

» El profesor escribe en la pizarra la fórmula química *FeO*. Un alumno lee: «Feo.»
Profesor: «Tú sí que eres feo.» *Química*

» No me vengas con que tienes el brazo roto, que yo soy biólogo. *Geología*

» El profesor, al ver la desordenadísima carpeta de un alumno: «Metes los apuntes como para la matanza.» *Latín*

» El profesor pide a un alumno que haga una cuenta con la calculadora. El alumno obtiene un resultado incorrecto. «Le sugiero —dice el profesor— que haga las operaciones con una calculadora y no con un peine.» *Física y Química*

» Un alumno llega a clase con el dedo roto. Profesora: «¿Cómo te has hecho eso?»
Alumno: «Jugando al *basket.*»
Profesora: «¿Jugando al *basket*? Claro, porque de estudiar ciencias no ha sido.» *Ciencias*

» ¡Coge bien el compás, hija, que pareces tetrapléjica! *Dibujo*

» Alumnos: «¿Cómo vamos con el temario?» Profesor: «Si España va bien, el temario también.» *Física*

» Toda la clase está hablando. El profesor dice: «¿Quién es el alumno de guardia al que le toca responder hoy?» *Filosofía*

» El profesor, a un alumno que golpea la mesa a modo de tam-tam: «Creo que hace ya bastante tiempo que se inventó el teléfono móvil.» *Ciencias Naturales*

» Hablando de las pruebas nucleares realizadas por Francia en Mururoa. «Sí, ¿no os acordáis? Eso que salía en la tele y había humo.» *Derecho Internacional*

» No te dejo ni tiempo ni espacio para comerte el chupachús. *Filosofía*

» Llamando la atención a una alumna: «Hoy estás muy habladora, lo cual demuestra que toda estructura tiene energía y movimiento interno en continua ebullición alcalina.» *Química*

» Sois unos gilipondios, que es la degeneración de

un pondio, que es la degeneración de la fuerza. Luego tenéis la fuerza degenerada. *Física*

» Estás a años luz del cinco. *Física*

» ¿Lo habéis entendido? Y vuestra muñeca, ¿también lo ha entendido? *Literatura*

» El profesor pregunta a un alumno sobre las propiedades de los artículos y enseguida se empiezan a oír murmullos. Entonces, el profesor interviene: «Esto no es *El Semáforo*; es el *Un, Dos, Tres* y contesta él solo.» *Lengua*

» El profesor, viendo a los alumnos cansados: «Hagamos un pequeño "Kit Kat" y después seguimos con el sustantivo.» *Lengua*

» Profesor: «Barrachina, a la pizarra.»
Barrachina: «¡Tócame los pies!»
Profesor: «Te los voy a tocar, pero en septiembre.» *Inglés*

¿Cabe el entendimiento entre generaciones? Algunos docentes hacen esfuerzos ímprobos por ponerse al nivel de sus alumnos.

» Alumna: «Todavía no me has *respuesto.*»
Profesor: «¿Qué quieres que te *respueste?*» *Lengua*

» El profesor está escribiendo en la pizarra y, cuando se vuelve, ve que dos alumnas se están pegando manotazos. Profesor: «¿Qué pasa?» Alumna: «¡Que me está molestando!» Profesor: «¡Pues dale una hostia!» *Matemáticas*

» Porque Platón era un torpedo, ¿de *acuerdorrrr*? *Filosofía*

» ¿Lo veis claro? ¿Vale? Bien, repetimos... No, no voy a cantar lo de las natillas. *Química*

» Leyendo unas líneas del *Menón*: «"...que eres parecidísimo al torpedo...". Se refiere al pez, no a Chiquito de la Calzada.» *Filosofía*

» La cantidad de movimiento se conserva siempre hasta que *Expediente X* demuestre lo contrario. *Física*

» ¿Qué pasa con la energía potencial? ¿Desaparece? ¿Se va al Caribe con Curro? *Física*

» La teoría platónica del conocimiento es como los adosados de *Médico de Familia. Física*

» «Este género de algas pardas es el *Chodrus Crispus*.» Y ante la extrañeza de los alumnos, añade: «Sí, Crispus, como Crispín Clander.» *Botánica*

» Un alumno está haciendo —bastante mal— un ejercicio en la pizarra y la profesora le pregunta: «¿De dónde salen esos signos? ¡Sorpresa, sorpresa!» *Química*

Cuando el recurso a las referencias televisivas resulta insuficiente, algunos vocacionales no dudan en hacer uso de la música o la poesía.

» ¡Oh, eucasía, eucasía, cada noche una tía! *Filosofía*

» Alumno, respondiendo a una pregunta: «Si el autobús frena...»
El profesor le interrumpe cantando: «¿Y quién es él? ¿En qué lugar se enamoró de ti?» Y recuperando su tono normal de voz: «Te irás *p'alante* si no te pegas el culo con pegamento Imedio.» *Física*

» El profesor expone a una alumna la opinión que le merece su caligrafía:
«Tu letra, mi amiga Elena,
es difícil de leer.
Sería una gran pena
que cumpliendo tu condena
te hubiera de suspender.» *Lengua*

» Aludiendo al patético estado del material de dibujo de un alumno: «¡Tres pelos tiene tu pincel...» *Arte*

» Alumno: «¿Pongo todas las ecuaciones?» Profesor: «Pon todas.» Y comienza a cantar la canción de Jesulín: «Toda, toda, toda, te necesito todaaaa...» *Matemáticas*

Finalmente, algunos profesores realizan meritorios esfuerzos para manejarse en la misteriosa jerga de los adolescentes.

» El oído nos lo estamos *gatuflando* con los *guanma [¿walkman?]* esos. *Arte*

» «Para los *skins,* la violencia es un método para solucionar las cosas.» Un alumno murmura y el profesor pregunta: «¿No está bien dicho? Es que me pasé mucho tiempo diciendo *eskingid.*» *Lengua*

» Chicos, me he comprado un *loro* nuevo, a ver si se oye mejor que el otro. *Inglés*

» ¿Lo *coscáis*? *Matemáticas*

Sin embargo, en las aulas prevalece por lo general una actitud más bien hostil hacia las innovaciones lingüísticas.

» Alumno: «Es que no me *pispo* de por qué el sacacorchos va hacia arriba.»
Profesor: «No me extraña, hay que ser cretino

para decir en una clase "*pispo*". Aunque podrías haber dicho otra palabra más cretina todavía, que es "*cosco*".» *Matemáticas*

» El profesor oye a un alumno referirse a los *bakalas* (gente a la que le gusta la música *bakalao*). «¿Pero los *bakalas* qué son? ¿Gente que come mucho bacalao?» *Lengua*

» «El adjetivo bonito, en grado superlativo, es muy bonito.» Risas. «Bueno, ya sé que vosotros decís *mogollón* de bonito.» Más risas. «¡Bueno, pues la hostia de bonito!» *Lengua*

» Palabras formadas con el vocablo latino «*vale*»: «*valetío*». *Química*

Y es que cualquier intento por ponerse a la altura del estudiante resulta baldío. Que ningún profesor se engañe: todos sabemos cómo lo ven los alumnos. Como un ser desconcertante, de otra galaxia. Y no es de extrañar.

» Entra un profesor en el aula interrumpiendo la clase y, sin mediar palabra, se pone a rebuscar en la papelera. Al rato, levanta la cabeza y pregunta: «¿Alguien ha visto un billete de 5.000 pesetas?» *Filosofía*

» Algún día os acordaréis de mí imitando a Aristóteles como Chiquito de la Calzada. *Filosofía*

» El profesor, cuando va a limpiar el aparato de transparencias por cuarta vez: «Vais a pensar que soy un neurótico obsesivo, así que no lo voy a limpiar, para que veáis que no necesito limpiarlo para sentirme bien.» *Psicología*

» Si eres del Madrid, te suspendo; y si eres del Barça, ni te cuento. *Economía*

» Profesor: «¿Contra quién jugó el *Atleti*?»
Alumno: «Contra el Ajax.»
Profesor: «El Ajax lava más blanco que la leche; polvos Ajax, para desatascar inodoros.» *Filosofía*

» Soy como los judíos: me lavo las manos cada dos por tres. El resto del cuerpo ya es otra historia. *Filosofía*

» Profesor: «Y tú, ¿cómo te llamas?»
Alumno: «Alejandro.»
Profesor: «¡Igual que mi madre!» *Filosofía*

» Profesor: «¿De dónde eres?»
Alumno: «De Hita.»
Profesor: «¡Donde el Arcipreste! Pues he estado tres o cuatro veces y no te he visto.» *Filosofía*

» Te llamas Ana, ¿verdad? Pues me quedo con Anita, que Ana es demasiado grande. *Filosofía*

» Las arañas pueden ser muy decorativas pero hay que eliminarlas. *Arte*

» A marzo le puedes dar un capotazo certero... o no, y entonces es cuando te embiste. *Matemáticas*

» Lo único que voy a intentar este curso no es que estudiéis historia, sino que no votéis ni al PP ni al PSOE. *Historia*

» Está dando clase una profesora. De repente entra otro profesor que resulta ser su marido y grita: «¿A que está buena mi mujer?» *Historia*

» ¿Dónde estás, que no te veo? Almacenes San Mateo. *Filosofía*

» Vosotros queréis que los profesores y los padres os den ejemplo, mientras os lo pasáis en grande y hacéis lo que os da la gana. ¡Pues que sepáis que este fin de semana me voy a pillar una mierda que te cagas! *Matemáticas*

» El profesor pone un folio en la mesa, coloca una tiza encima del papel y tira bruscamente del papel. La tiza queda sobre la mesa, sin moverse ni un milímetro: «Esto es el *Qué apostamos*», aclara con satisfacción. Y ante el gesto general de desconcierto: «¿Qué pasa? ¿Es que no veis el *Qué apostamos*? Pues entonces, ¿qué veis?» *Física*

» «Cuando era jovencito solía decir...» Y tras una larga pausa: «¿Qué estaba diciendo?» *Historia*

» Una alumna estornuda y otra alumna le dice: «¡Jesús!» Profesor: «Yo no te digo eso porque soy budista.» *Lengua*

» ¿Que eres de Sevilla? Yo de más arriba ¿Que yo soy más idiota? Abróchame la bota. *Literatura*

» Cuando tenía vuestra edad me compraba cromitos con esculturas griegas y por las tardes traducía la *Ilíada*. *Arte*

» La única manera de excitar a mi marido es hacer la tortilla de patatas con las medias y los zapatos de tacón. *Lengua*

» Un alumno pregunta al profesor: «¿Usted apunta las notas?»
Profesor: «Yo lo apunto todo.» Y, sacando un papel del bolsillo, empieza a leer: «Mandarinas, queso fresco, salchichón...» *Filosofía*

» «Tienes un "cero-E" [la E baja un punto por mal comportamiento].» Y comienza a cantar: «¡OEEE-EE, OE, OE, OE, OEEEEE, OEEE!» *Historia*

» Circulan por ahí rumores de que a mí me gusta el teorema de Arquímedes. A mí lo que me gusta es el arroz con leche y la paella. El teorema de Arquímedes no lo sé porque no lo he probado. *Biología*

» ¿Qué has dicho? ¿Que ya no os interesa mi clase? *Matemáticas*

» Vosotros pensáis: «Este tío viene aquí a dar la vara.» Pues no. *Física*

» La verdad es que, cuando llega la primavera, lo que nos apetece a todos es tumbarnos en la yerba y desnudarnos. *Arte*

» Yo alucino. *Matemáticas*

A pesar de su apariencia pétrea e inconmovible, los alumnos sospechan que ese hombre o esa mujer del estrado abrigan sentimientos, que incluso tuvieron un pasado. Y que ese pasado tal vez oculta una tragedia.

» Ante una diapositiva de la Columna de Trajano: «Viendo esta columna en Roma me robaron la cartera, así que imaginaos el grato recuerdo que tengo de ella.» *Arte*

La docencia es exigente y son inevitables los momentos de desánimo.

» El alumno no entiende un gráfico: «¿Por qué se

Viendo la columna de Trajano en Roma me robaron la cartera, así que imaginaos el grato recuerdo que tengo de ella.

representa así, si los electrones se van englobando en capas?»
Profesor: «Bueno, la vida es dura...» *Química*

» Los profesores, como tenemos los salarios congelados, nos dedicamos a hacer trucos de magia por las noches. *Psicología*

» Mientras la profesora explica, a un alumno le da un ataque de risa, del que acaban contagiándose todos los compañeros. La profesora dice: «Me siento como Chiquito de la Calzada.» *Historia*

» Todo el mundo se ríe de mí, todo el mundo me escupe en el ojo. *Lengua*

Ni siquiera el ministerio los comprende.

» Las matemáticas ya no son lo que eran. Ahora un problema es algo así: «En una finca de tales dimensiones se producen tantas ganancias en patatas, costando a tanto el kilo. Si el transporte y el IVA no sé qué y no sé cuántos, entonces calcula cómo se escribe patata y comenta el significado con tu compañero.» *Matemáticas*

A pesar de todo, algunos aún conservan sueños.

» Un buen vino de la Ribera del Duero con una buena chavala. ¡Eso es cultura! *Filosofía*

» Me jubilo encantado de la vida. Voy a empezar la carrera de Derecho el año que viene, voy a estar en el Ateneo en las tertulias de por la tarde y, si me apetece y no me calientan los cascos, me meteré en política. *Historia*

A veces sacan a relucir sus inquietudes políticas.

» España necesita un cirujano de hierro para resolver sus males. *Geografía*

» Voy a poneros un ejemplo para que entendáis a los alemanes. ¿Dónde preferiríais vivir: en la época de Franco, que se podía estar tranquilo en la calle, o ahora, que al salir de casa no sabes si te van a violar? *Historia*

» Incluso Franco hizo cosas malas. *Geografía*

No todos son de derechas. También los hay radicales del otro extremo.

» Últimamente los municipales son más peligrosos que los hombres de Harrelson. *Periodismo*

» A la gente le dan palos para que no vayan tan felices por la vida. *Matemáticas*

No obstante, por lo general les preocupan asuntos más terrenales. Por ejemplo, las alumnas.

» Me gustaría que hicierais el examen la tercera parte de bien que estáis hechas. *Filosofía*

» Profesor: «¿Por qué no viniste ayer?»
Alumna: «Porque estaba mal.»
Profesor: «¡Pero si estás buenísima!» *Lengua*

» Un alumno está hablando con la compañera de atrás y el profesor los ve. «¡Eh, mancebo! Sabemos que eres bello, pero está mejor la de detrás.» *Filosofía*

» El profesor se refiere a una alumna llamándola «cosa» y ésta le pide que no la llame así. El profesor le contesta: «No conozco tu alma, cariño, me atrae tu cuerpo.» *Historia*

» Pero tú, con ese cuerpo que tienes, ¿por qué estás siempre mirando a la de detrás, a esa cabrita? ¿Qué pasa, que te excita? *Historia*

» No es lo mismo decir: «Ésta es la aceleración que tiene una esfera maciza», que decir [dirigiéndose a una alumna]: «Ésta es la aceleración que tiene una esfera. ¡Maciza!» *Física*

» El profesor termina una demostración y una alumna pregunta desconcertada qué ha hecho. «¿Qué he hecho? ¿Y tú me lo preguntas? Poesía eres tú.» *Estadística*

Estos alardes de machismo son a veces contrarrestados por algunas pinceladas feministas.

» ¿Os habéis enterado todos? ¿Hombres también? *Lengua*

» Yo no soy feminista, pero las mujeres somos más inteligentes que los hombres. *Física*

» Hablando de Lope de Vega: «No es que sea feminista, pero a mí me encanta este hombre porque fue de los primeros en reconocer que quien manda en una relación es la mujer.» *Literatura*

» Soy feminista hasta la médula. Creo que la mujer ha de tener su sitio en la sociedad, pero sin poner el huevo. *Inglés*

Aunque, donde las dan las toman...

» ¿Habéis visto lo bien que le sienta la minifalda a vuestra profesora de inglés? *Filosofía*

» Profesor: «¿Es usted tan feminista como su hermana?»
Alumna: «No me gustan los machistas.»
Profesor: «Bueno, pues vaya a por tizas.» *Física*

» Tengo un amigo que la mujer y el coche se los

deja a todo el mundo, pero la bicicleta no se la puede tocar nadie. Y es que, en muchas ocasiones, una bicicleta resulta mucho más útil que un coche. ¡Y no digamos que una mujer! *Lengua*

» Luego decís que somos machistas, pero... ¡hay que joderse con el ganado femenino! *Filosofía*

» Me voy a enterar en el aspecto jurídico de lo que me podría pasar por pegarle un puñetazo a una alumna. *Lengua*

Dice el refrán que del viejo, el consejo, y el profesor parecería en principio la persona más indicada cuando, por ejemplo, trata uno de orientar sus pasos en el proceloso mar de los estudios universitarios. ¿Qué carrera debo hacer? ¿Cuál es la profesión que más me conviene? ¿Qué futuro me aguarda cuando me licencie? Quizás en la intimidad de una tutoría los maestros sean menos ácidos, pero cuando están en el aula no resultan de gran utilidad.

» La arquitectura es la segunda profesión más antigua del mundo, pero no se diferencia mucho de la primera. *Arquitectura*

» Hablando sobre los malos profesionales: «Habría que fusilarlos al amanecer, para que al menos así madrugasen.» *Marketing*

» Las enfermeras tenemos que ser las más cotillas del mundo. *Enfermería*

» Los periodistas no son analfabetos, son *analfaburros*. *Literatura*

» Los de ciencias dicen que la ciencia es exacta. ¡Y una mierda! ¡Los números dicen lo que uno quiere que digan! *Literatura*

» Hay ingenieros de caminos en bancos y sitios peores. *Ingeniería de Caminos*

» Los psicólogos a veces nos tenemos que poner detrás del diván, para que la gente no se entere de que nos estamos riendo de ellos. *Psicología*

» Hay físicos que son parapsicólogos. Y, más allá todavía, los hay incluso del Real Madrid. *Física*

» Lo importante de esta carrera es crear confusión, y así seguimos. *Políticas*

» ¿Que le dice un ingeniero en paro a otro que está trabajando? «¿Me pones una caña y unas aceitunas?» No es un chiste malo, es una pincelada social. *Matemáticas*

» El que estudie filosofía es un pardillo, porque la filosofía no sirve para nada. *Filosofía*

» Uno se sienta en el sofá con 16 o 17 años y decide ser biólogo. ¡Un error como otro cualquiera! *Biología*

Como ven, la mayoría no tiene un concepto muy elevado de su profesión, pero esto no es nada comparado con la opinión que le merecen los alumnos. Para empezar, la higiene.

» El profesor entra en clase y percibe un intenso olor a humanidad: «Señoras y señores, la limpieza en la persona muchos bienes proporciona.» *Física*

» Si todos tirásemos pipas al suelo, estaríamos de mierda hasta el cuello. *Física*

» ¿Cuántos de vosotros sabéis poneros un condón? ¡Vamos, levantad las manos! *Filosofía*

» Nosotros debemos trabajar con la cabeza y no con los pies ni con otras partes del cuerpo que no menciono. *Periodismo*

» A un alumno que se hurga la nariz. «¡Alejandro! ¡Si casi te sacas el ojo por la nariz! ¡Te has tenido que tocar el cerebro!» *Matemáticas*

Eso, con respecto del cuerpo. Y lo que sigue, con respecto de todo en general: la cultura, el ocio, el modo de entender la vida...

» Dejáis la litrona y os ponéis a mear, porque mear en la calle es de modernos. *Matemáticas*

» Con el dinero que os gastáis en tabaco, os podríais comprar un sombrero de plumas. *Física y Química*

» Si cogemos una botella de dos litros de esas que son ustedes capaces de beberse, por ejemplo, de Coca-Cola... *Física*

» Y vosotros, con cuatro novias en cada esquina. ¡Pecadores! *Filosofía*

» Vosotros, los jóvenes, no preguntáis: «¿Estudias o trabajas?», sino: «¿Estudias, trabajas o *passas*?» «Passas» con dos eses. *Lengua*

» En víspera de las vacaciones de Navidad: «Bueno, y que no os vea en mal estado por ahí.» *Física*

» Profesor: «En tiempos de Franco, decir tacos estaba castigado.»
Alumna: «Sí, pero Franco ha muerto.»
Profesor: «Ya, pero los buenos modales nunca mueren, como los rockeros.» *Educación Física*

» La educación es verde y se la comió un burro. *Literatura*

» ¿No han salido nunca fuera de España? ¿Es que no saben que desde que murió Franco podemos salir al extranjero? *Historia del Derecho*

» Estamos en un petardazo cultural y somos los tontos de la baba caída. *Filosofía*

» En España queda lo de siempre: la tortilla de patata, la Alhambra y ¡a correr! *Políticas*

» *Lábil,* para Ramoncín, es inestable y, por extensión, órgano sexual masculino. Para Ramoncín todo es, por extensión, órgano sexual masculino. *Química*

» Hay gente que recorre treinta kilómetros para tomarse una caña, y sólo porque les gusta la *cañería*. *Sociología*

» Los carnavales que se los meta la ministra por donde le quepan y que le den gustirrinín. *Lengua*

» Esto pasa por la educación que han recibido ustedes, marxista-catolicista. *Economía*

» Sois unos tipos repugnantemente espiritualizados. *Literatura*

» No sabéis escribir, os inventáis los acentos, no sé

cómo habéis llegado a COU... Pero no os desaniméis. *Literatura*

» ¡Veréis cuando estéis en la universidad, con ocho horas de clase y no sé cuántas de laboratorio! Vais a acabar con un embudo en la cabeza gritando: «¡Soy Napoleón!» *Geología*

» A estas alturas no deberíais tirar la toalla. Más que nada porque luego hay que comprar otra. *Historia*

2 ENTRANDO EN MATERIA

Para dar clase se necesita un mínimo de orden, pero lograrlo no es sencillo. Los programas que elabora el ministerio hacen mucho hincapié en asuntos menores, como el efecto Doppler o la caída del Imperio Austrohúngaro, pero no dicen nada de motos, Alejandro Sanz o la Liga de Campeones. Esto ya es un problema importante. Además, el comportamiento de los adolescentes se ajusta con bastante fidelidad a la primera ley de Newton: por las mañanas sus cuerpos tienden a conservar el estado de reposo y no hay manera de sacarlos de la cama pero, una vez arrojados al espacio exterior, se mueven con velocidad constante a no ser que una fuerza actúe sobre ellos. Los encargados de aplicar esa fuerza son los profesores.

El primer desafío consiste en tener a todos los alumnos sentados en sus pupitres a una hora relativamente temprana. De conformidad con la división internacional del trabajo, corresponde a los padres levantarlos e impulsarlos hacia la escuela, pero es obligación de los docentes controlar su asistencia y recordarles la importancia de la puntualidad en las sociedades avanzadas.

» El día que llegues pronto, te invito a una caña, te lo juro. *Dibujo*

» Has llegado tarde, guapo; bueno, lo de guapo... *Física*

» ¿Qué? El viento no te ha dejado avanzar, ¿no? *Historia*

» El profesor, a un alumno que no aparece nunca por clase: «¿Tú de qué vas, de cometa o de asteroide?» *Filosofía*

» A ver, ¿dónde estuviste ayer, caradura fugitivo? *Literatura*

» Se fumaron ustedes la clase y estábamos aquí pelé, melé y el tonto del pueblo. *Francés*

» Profesor: «¿Por qué has llegado tarde?»
Alumno: «Porque me he dormido.»
Profesor: «¿Con quién?» *Lengua*

» Tener la intención de algo es poner los medios para conseguirlo, no estar en la cama durmiendo y decir: «Tengo la intención de llegar pronto a clase» y tener el despertador por ahí y cuando suena tirarlo por la ventana. *Filosofía*

» Los ausentes, ¿son los sospechosos habituales? *Literatura*

Una vez dentro del aula, al verse rodeados por otros individuos adolescentes, los alumnos se despejan y experimentan una necesidad imperiosa de interaccionar entre ellos. Mantener la paz que exige la buena marcha de la clase no es sencillo. Al principio los profesores tratan de reprimir los brotes de intranquilidad mediante estímulos positivos.

» ¡Venga, nos lo vamos a pasar *chupichusqui* y mañana traigo la plastilina! *Matemáticas*

» Si os calláis un poco, os doy un caramelo y un terrón de azúcar. *Dibujo*

También procuran razonar con ellos, que comprendan las dificultades que entraña emitir un mensaje articulado de cierta complejidad entre bramidos.

» El día del examen voy a ponerme a vuestro lado y os voy a hacer «¡Bludl, bludl, bludl!» Veréis cómo os confundís. *Matemáticas*

Hay que decir, no obstante, que estas iniciativas

bienintencionadas no suelen surtir efecto y hay que echar mano del repertorio clásico de admoniciones.

» Tú te callas. *Matemáticas*

» ¡Calla, Miguel, que me aceleras! *Lengua*

» Callad, demonios. *Literatura*

» ¡Fernando, me estás provocando! *Matemáticas*

» En lo que queda de clase y de curso no quiero ni oírte respirar. *Dibujo*

» ¡Tú, no te emociones que ya eres mayorcito para hacer el tonto! *Física*

» ¡Cuánto habláis! ¿Habéis comido lengua? *Publicidad*

No obstante, la paciencia tiene un límite.

» Yo a veces pongo buena cara, pero tengo muy mala leche y ya me estoy hartando. *Matemáticas*

» Se me han hinchado un poco las narices. *Matemáticas*

» ¿Os queréis callar de una puta vez? *Filosofía*

La falta de resultado no desanima a los maestros. Al contrario, a muchos les afila el ingenio.

» Por favor, hablen diez decibelios más bajo. Gracias. *Arte*

» Tenéis dos opciones: puedo dictar apuntes a destajo y no explicar o echaros pienso como a las gallinas para que se calme el gallinero. ¿Qué elegís? *Inglés*

» ¡Cállate, no necesito efectos especiales! *Literatura*

» La línea telefónica de pupitre a pupitre no necesita demasiada cobertura, así que no peguéis berridos. *Arte*

» De mi parte, todas las maldiciones de los dioses del Olimpo para él. *Lengua*

» En medio de los chillidos de los alumnos, el profesor da un grito descomunal. Los alumnos callan y el profesor, levantando el bolígrafo, dice: «Quiero una sopa.» *Química*

» Señores, vamos a jugar al juego del silencio: ustedes callan y yo hablo. *Filosofía*

» ¿Pueden decirme qué han hecho el viernes, el

Puedo dictar apuntes a destajo o echaros pienso como a las gallinas para que se calme el gallinero.

sábado y el domingo sin el placer que les proporciona hablar en clase? *Matemáticas*

- ¡Cállate ya! Y pensar que hasta ahora te había considerado de la especie humana... *Matemáticas*

- Sois unos costras. *Lengua*

- ¡Quieres dejar de hablar ya, que aquí la que maneja el cotarro soy yo! *Química*

- A un tal Olivares: «¡Que te mando con tu antepasado el conde duque!» *Filosofía*

- El undécimo mandamiento: No molestar. *Filosofía*

- Operación Mosca: que se pueda oír el vuelo de una mosca. *Literatura*

- A ver si calláis, saltimbanquis de feria. *Literatura*

- ¡Repórtate, por Belcebú! *Literatura*

- A una que habla por lo bajo. «Nena, métete a monja.» *Literatura*

- A otra que también habla por lo bajo. «Eres como una abuela a la salida del rosario.» *Literatura*

- Hacéis más ruido que una plaga de moscas en verano. *Física y Química*

- A ver, ¿qué ataque de adolescencia habéis tenido ahora? *Enfermería*

- ¡Tú, deja de estar agazapado! *Historia*

- Los profesores que damos clase aquí deberíamos estar eximidos varias horas porque, vamos, una hora aquí equivale a siete. *Matemáticas*

- En la vida hay dos grandes pecados: la inoportunidad y la pesadez. *Percepción*

- El día que se os cruza la neurona os ponéis de un *pesao*... *Matemáticas*

- Anda, idos con la novia o compraos una muñeca, que las hay de todos los tamaños. *Filosofía*

- ¿Por qué no le pides a tu padre que te pague una sauna tailandesa y te tranquilizas un poco? *Dibujo*

- ¿A ti qué te cruje? *Inglés*

- Duérmete un rato; pega la cabeza ahí y ¡hala! *Dibujo*

» Es que os gusta jugar más que a un tonto una boina a cuadros. *Lengua*

» ¡Vosotros hartáis hasta al caballo del Retiro! *Historia*

» Hay unos seres malvados camuflados en esta clase. *Filosofía*

» Juan Pablo, ¿quieres dejar ese cráneo en paz, que no te ha hecho nada? *Ciencias*

No todos los alumnos responden a este tratamiento. Algunos necesitan algo más enérgico.

» Mírala, si se encuentra como una burra en un patatal: le encanta que hablen de ella. *Historia*

» ¡Marica el que hable! *Física*

Tarde o temprano, todos los profesores terminan recurriendo a la intimidación. Al principio, las amenazas son difusas. Los castigos que se anuncian son oscuros...

» Silencio, que me pongo como el toro de Jesulín. *Lengua*

» ¡Callaos y atended! Si no atendéis, desvarío y si desvarío yo, vosotros desvariáis a la doble potencia. *Filosofía*

» ¡Callaos ya, que todavía es lunes y queda un largo fin de semana por delante! *Literatura*

» Más vale que os comportéis. De lo contrario, el peso de mi mano justiciera caerá sobre vosotros. *Historia*

A veces es difícil saber de qué está hablando el maestro, aunque el propósito intimidatorio resulta evidente.

» Profesor: «¿Quieres que te esté mirando toda la mañana?»
Alumno: «No.»
Profesor: «No, porque te voy a destruir.» *Filosofía*

» ¿Por qué me miras? Ah, me miras porque lo que acabas de hacer es de juzgado de guardia. *Matemáticas*

» A una alumna recalcitrante: «Vas a ver tú como me deje caer por ahí. Vamos a estar todo el día pim-pam, pim-pam, *p'arriba*, *p'abajo*, haciendo polvorones.» *Matemáticas*

» Cómprate el prostíbulo de Pin y Pon. *Periodismo*

Claro que lo normal es que se trate de amenazas concretas que conllevan algún perjuicio de carácter académico, aunque también puede ser una excursión.

- » Cañaveras, vete a la porra. *Lengua*

- » Javier, como no te calles, te mando a Gomecello. *Geología*

- » «¡Callaos ya! ¡No podéis ni respirar!» Silencio. Alguien respira. «¡Tú, has respirado: fuera de clase!» *Lengua*

- » Se va a ir a jefatura de estudios a que le tomen las huellas dactilares, si es que las tiene. *Filosofía*

- » A un alumno que ha hecho un chiste: «Mañana le vas a contar los chistes al guarda de la porra de ahí enfrente.»
  A otro: «Te vamos a meter en el *Guinness* de los récords por gracioso. Anda, vete fuera y sigue ensayando.» *Economía*

Verdaderamente, algunos estudiantes sólo entienden un lenguaje: el de la violencia.

- » «¿Hay que ponerse borde para que os calléis?» Silencio sepulcral. «Je, je, je, je...» *Dibujo*

- » Voy a traer un látigo y vais a saber lo que es comprensión. *Inglés*

- Me gustaría ser Herodes y que vosotros fueseis niños de pecho. *Periodismo*

- A ver si te da un infarto, para que te calles de una vez. *Física*

- Como sigáis hablando os escupo. *Matemáticas*

- Te meto un puntapié que te echo de clase. *Historia*

- A alguno le voy a estampar el borrador en la cara. *Matemáticas*

- ¡Te voy a dar una torta con las dos manos! *Literatura*

- Mañana voy a traer algunas mordacillas. *Economía*

- ¿Nunca te han puesto una papelera de sombrero? *Filosofía*

- Bonita, qué susto se va a llevar Marian [la profesora de la clase de al lado] cuando te vea aparecer atravesando la pared. *Arte*

Cuando incluso la amenaza física falla, algunos profesores aún conservan la suficiente sangre fría como para recurrir a la ironía.

» ¿Quieren ustedes unos churros y un cafecito para hacer la tertulia más amena? *Historia*

» Sólo os falta una Coca-Cola. Si queréis, os la traigo. *Inglés*

» No voy a enfadarme porque es malo para los pies: se hinchan. *Lengua*

» Si molesto, explico más bajo. *Historia*

Otros reniegan de su negra fortuna...

» ¡Mira que es grande España y tenéis que venir a joder precisamente aquí! *Filosofía*

...o prueban a inspirar lástima...

» Me vais a obligar a irme, y no tengo a dónde ir. *Física*

...o suplican...

» ¡Callad, no me extorsionéis mi trabajo! *Dibujo Técnico*

» Escuchadme un momentín, y luego seguís continuando. *Matemáticas*

...o intentan llegar a algún tipo de acuerdo.

» Páguenme cada uno 5.000 pesetas al entrar en clase y les aguanto de todo: se pueden tirar tizas, darse garrotazos... *Matemáticas*

Sin embargo, la mayoría se deja llevar, lisa y llanamente, por la desesperación:

» No sé qué voy a hacer. Ya os he gritado, os he insultado, sólo me queda pegaros. A partir de mañana me voy a traer un palo. *Historia*

» ¡Os vais a callar o tengo que ponerme a bailar claqué en la mesa! *Inglés*

» Me parece una falta de respeto. Es como si yo llego, me subo encima de la mesa y me pongo a sacarme la mierdecilla de entre los dedos de los pies. ¿Qué pensaríais? *Derecho*

» ¡Algunos de vosotros deberíais estar descargando patatas en un mercado! ¡Me niego a dar clase a niñatos! *Filosofía*

» ¡Estoy harta de aguantaros! ¡Como no os *encalléis,* cojo el *maniporte* y me largo. *Matemáticas*

» Pero ¡deja de mirar a tu compañero y mírame a mí, que soy más atractiva! *Matemáticas*

» ¡Ya está bien, que yo no he estudiado una carrerá para estar cuidando una guardería! *Matemáticas*

» Los alumnos sois un coñazo; me voy a dedicar a la limpieza municipal. *Filosofía*

» Ojalá os den tanto en el trabajo como vosotros me estáis dando por culo a mí. *Griego*

» La histeria colectiva se ha adueñado de COU-F. *Matemáticas*

Incluso los profesores más enérgicos tienen dificultades para llevar la civilización a determinadas zonas del aula. En las últimas filas es habitual que persistan bolsas de alumnos irreductibles, inmunes a las amenazas, los insultos, las súplicas y el armamento químico y bacteriológico.

» Y esos del fondo, ¿de qué coño estarán hablando? *Lengua*

» ¡Eh, los del fondo! ¿Os habéis enterado de algo? *Matemáticas*

» Si no os pusieseis en el palco de los teleñecos... *Filosofía*

» A dos chicas que están leyendo *Menos 20.* «¡Eh, las dos damas del fondo del mar! ¿Pueden dejar la prensa para otro momento?» *Arte*

» A ver, el anfibio del fondo. *Lengua*

Investigaciones antropológicas recientes han demostrado que estos alumnos no se atrincheran en las últimas filas por falta de espacio, sino por gusto. Algunos profesores les invitan a veces a sentarse en las sillas libres que hay más cerca de la pizarra.

» ¿Pueden ustedes realizar un corrimiento virtual? *Estadística*

Sin embargo, se trata de seres que rehúyen cualquier contacto con la civilización. Si las relaciones dentro del aula ya son complicadas en condiciones normales de presión y temperatura, la distancia cultural que separa a estos estudiantes de un docente es tan grande como la que media entre los indios del Amazonas y un notario.

» La profesora saca a un alumno a la pizarra para que resuelva un problema. Éste se limita a escribir: «*Grafitti.*» La profesora le dice: «No te preocupes, nosotros te aceptamos.» *Matemáticas*

» No voy con vosotros al viaje porque sois una pesadilla. *Filosofía*

El contacto con estos facinerosos se reduce a lo mínimo. Ni siquiera para intercambiar material de clase.

» Entregad vuestros trabajos a vuestros compañeros de la clase de al lado. Seguro que los conocéis. Estáis siempre como cerdos en sus cochiqueras. *Literatura*

Naturalmente, a la hora de evaluar todo se tiene en cuenta.

» Un trabajo cutre, máxime si está amañado por cinco forajidos, nunca contará lo mismo que otro francamente bueno realizado por un solo ciudadano. *Psicología*

Aunque la pedagogía ha evolucionado notablemente en las últimas décadas, aún no disponemos de una solución plenamente efectiva para un inquietante problema: el chicle. No existe un protocolo establecido para afrontar esta situación. Cada profesor improvisa sobre la marcha.

» Bueno, vamos a ver, que tenemos que hacer la inspección *chiclística*. *Historia*

» A un alumno que ha hecho un globo: «El chicle en la boca o en la papelera, pero no en el aire, que contamina y provoca muchos focos de infección.» *Química*

» Profesor: «¿Qué tal van esos chicles?»
Alumna: «Pero si hoy no tengo.»
Profesor: «Por eso, por eso. ¿No tienes mono?»
Historia

» Profesora: «¿Estás comiendo?»
Alumno: «Sí, un chicle.»
Profesora: «¡Trágatelo!» *Física*

» ¿Estás comiendo chicle? Pues dame un poco, pero morreando. *Filosofía*

Otra importante fuente de perturbación son las risitas. ¿De qué se ríen los adolescentes? No existe una hipótesis universalmente aceptada. Sólo se sabe que es como el fuego y que, si el profesor no lo ataja rápidamente, prenderá en el cerebro de todos sus alumnos como en paja seca y los sacudirá hasta que se les descoyunten las articulaciones. Pocos espectáculos resultan tan desalentadores para la inteligencia como una clase calcinada por un ataque de risa.

Aunque hay brotes intencionados (una ventosidad, un bostezo, cualquier sonido imprevisto...), el origen del fuego puede ser el propio profesor, que prende la hilaridad de sus alumnos al arrojar distraídamente algún comentario.

» El profesor resuelve una ecuación y concluye: «...y la ecuación ya está satisfecha». Risas. «¿Qué pasa? ¿Os hace gracia que la ecuación esté satisfecha?» *Ingeniería Industrial*

» «En aras de la claridad...» Carcajada general. «Bueno, si os hace tanta gracia voy a tener que patentarlo y enviarlo a un programa de chistes de la televisión.» *Derecho*

» «En los años treinta...» y escribe en la pizarra «30's», lo que provoca risitas del alumnado. «Pues, ¿cómo lo ponen ustedes?» *Políticas*

» ¿Qué pasa, Velilla? ¿Te da alegría que sea un punto impropio? ¡De verdad que sois más raros...! *Dibujo*

» Vaya, parece que ha habido otra excitación de vuestro risueño carácter. *Informática*

Una vez que salta la alarma, algunos profesores se dirigen rápidamente a reprimir el foco original.

» Parece que Fátima se lo está pasando hoy muy bien. Como no para de reírse... *Matemáticas*

» ¿Se puede saber de qué te ríes, condenado del diablo? *Literatura*

» ¡Te hielo la risa con un kilo de hielo! *Filosofía*

» Profesor: «¿Tienes algún motivo para estar hoy contento?»
Alumno: «No.»
Profesor: «Bastante tienes con aguantarte.» *Lengua*

Esta rápida reacción evita a veces males mayores, pero no siempre se llega a tiempo de evitar la propagación de la risa. El profesor queda entonces en una situación desairada, que algunos encajan mejor que otros.

» Bueno, si soy gracioso, ruego que se me diga en qué. *Periodismo*

» Si alguien tiene ganas de hacerme burla, que me la haga a la cara. *Matemáticas*

» ¡Si queréis, os salís al pasillo y os troncháis de risa, pero a mí dejadme en paz y dejadme vivir mi vida! *Lengua*

» Sí, sí, reíd todo lo que queráis. *Matemáticas*

Existe un problema más pavoroso que las risitas, los chicles o los forajidos de la última fila. Un alumno zote. Hay que tener un temple muy especial para conservar la calma después de ver cómo la cabeza contra la que lanzas una y otra vez tus explicaciones sólo produce un triste y débil «¡bonk!». Algunos profesores tienen ese cuajo acerado y, sencillamente, sufren en silencio. Sin embargo, a la mayoría el espectáculo de la estupidez recalcitrante les inspira los sarcasmos más crueles.

» Vosotros no hacéis la digestión, hacéis la fotosíntesis. *Química*

» ¿Sabéis dividir? *Física*

» Admito un alumno zángano, juguetón y travieso, pero no uno del club del membrillo. *Filosofía*

» Los burros están en peligro de extinción, pero vosotros estáis contribuyendo a perpetuar la especie. *Matemáticas*

» Hermosa, preciosa, capullo de rosa. *Matemáticas*

» Vosotros, ¿sois tontos por vocación o porque no podéis ser otra cosa? *Lengua*

» Señores: ingeniero viene de ingenio, no de ingenuo. *Ingeniería Industrial*

» Sois más tontos que el hombre de la alcayata. *Filosofía*

» Lo que tenéis que hacer es iros a la obra de al lado o a vender mantas a los esquimales. *Matemáticas*

» ¡Submongólicos profundos, que sois más cortos que un fin de semana! ¡Voy a organizar un vuelo chárter a Lourdes, a ver si os arreglan un poco! *Literatura*

» No hagáis ningún esfuerzo mental, que puede ser peligroso. *Historia*

¡Voy a organizar un vuelo chárter a Lourdes, a ver si os arreglan un poco!

» ¡Lerdos, que estáis ya casi en COU, no en un cotolengo! *Matemáticas*

» ¡Te lo he dicho tres veces, mameluco! *Matemáticas*

» Estamos en la universidad, no en el colegio; se acabó jugar al churro y traerse el bocadillo a clase. *Administración Pública*

» Es que se les va la materia gris en masticar chicle y dar vueltas al bolígrafo. *Matemáticas*

» Antes de Navidad: «¿Está claro? Bueno, voy a repetirlo porque me miráis todos con cara de haba.» *Informática*

» Después de Navidad: «Veo que los Reyes no os han traído una cara nueva, porque seguís mirando todos con cara de besugo.» *Informática*

» ¡A ver si pensamos, que tienes el cerebro virgen! Apuesto a que no lo has usado en toda tu vida. *Física*

» ¿Qué pasaría si meten la mano en un recipiente de ácido sulfúrico y remueven? Lo mismo que si meten la cabeza. Total, para lo que les sirve... *Química*

» La única diferencia entre una planta y tú son las gafas. *Latín*

» El comportamiento de esta clase no es infantil, es fetal. *Griego*

» A un alumno se le revienta un bolígrafo en la boca. El profesor, con tono resignado, dice: «Para que luego digan que la humanidad evoluciona.» *Inglés*

» «Para concentrarse bien, hay que poner cara de imbécil.» Y dirigiéndose a un alumno: «Muy bien, Pablo, lo has conseguido.» *Matemáticas*

» No es que seáis tontos; lo que pasa es que tenéis el cerebro atrofiado. *Matemáticas*

» El problema de algunas personas en los exámenes de inglés es que se perdieron algunos capítulos de *Barrio Sésamo*. *Inglés*

» Ya va siendo hora de que dejéis el cascarón de Calimero. *Química*

» Tan mayores y tan gárrulos. *Filosofía*

» ¿Estáis en la fase autista o qué? *Filosofía*

» Vosotros no sois revolucionarios; para ser revolucionario hay que tener al menos tres neuronas en el cerebro. *Filosofía*

» En el próximo documental, en vez de pingüinos vais a salir vosotros. *Filosofía*

» Estáis haciendo el albaricoque. *Filosofía*

» ¡Pero qué brutos somos! *Matemáticas*

» Es asombroso, de verdad, lo que os puede pasar por la mente a cada uno de vosotros. *Matemáticas*

» ¿Os traigo el sonajero? *Matemáticas*

» ¿Que no sabes diferenciar gestos de palabras? No me extraña. *Matemáticas*

» ¿No te imaginas por qué la gente te tiene manía? *Matemáticas*

» Escucha, Asurbanipal. *Filosofía*

» Sois un poco inestables para ser alumnos de COU. *Física*

» A un alumno que ha tropezado: «¿No te habrás caído por el peso de la inteligencia, verdad?» *Ciencias*

» Voy a convocar un concurso para medir los pitorros de las boinas. *Filosofía*

» Algunos de los alumnos de esta clase tendríais

que ir a pastorear unos meses, para que así sepáis lo que es hablar para los borregos. *Física*

» No seáis merluzas que saldréis nadando. *Literatura*

» ¿Eres el tonto de pueblo o sólo lo pareces? *Literatura*

» ¿Cómo habéis podido elegir a esa cosa como delegado? *Inglés*

» ¿Vosotros sois de aquí o habéis venido de la feria? *Física*

» Como sigáis así, a la selectividad con canas. *Biología*

» Merecéis ser chicos de Telepizza y no ascender jamás. *Filosofía*

» ¿Que no sabéis lo que es *zafio*? ¿Qué pasa, no os lo llamé nunca el año pasado? *Literatura*

» ¿Vosotros sabéis cómo se quedan las vacas cuando ven pasar el tren? Pues así me miráis algunos de vosotros cuando digo algo. *Derecho*

» Todo lo que sabe usted se podría escribir en un sello. *Latín*

» Tenéis tanta seguridad como el agua en una cesta. *Filosofía*

» Eres tan lento que me van a salir percebes en los muslos. *Matemáticas*

» Cuando seáis mayores... si es que llegáis. *Historia*

» Tenéis las neuronas en estado comatoso; no las usáis para nada. *Matemáticas*

» Sois tan inmaduros como los niños de tres años. Lo malo es que ellos caben cinco en una escupidera y, sin embargo, algunos de vosotros sois más altos que yo. *Matemáticas*

» ¡Me cago en diez! ¿Quién más no sabe que Marx es del siglo XIX? *Filosofía*

La enseñanza es, en suma, una actividad profesional de alto riesgo, pero tiene sus compensaciones. Durante nueve meses los estudiantes pueden reírse del profesor, ignorarlo, sacarlo de sus casillas... Pero al final de este largo y tortuoso camino está siempre el examen, que devuelve las cosas a su orden natural. El profesor tiene nuevamente la sartén por el mango. Es el momento de cobrarse cumplida venganza y alguno no puede evitar relamerse con antelación...

» Antes de la primera evaluación, y después del puente del 6 y el 8 de diciembre: «Los católicos se pueden encomendar a la Inmaculada y los ateos, a la Constitución.» *Química*

» Cuando ponga el examen, va a ser una masacre peor que la de Chechenia. *Filosofía*

» El profesor, el primer día de clase: «...y otros, hagan lo que hagan, van a suspender». *Economía*

» Si ustedes pensaban aprobar muchas asignaturas, ésta es una de las que van a suspender; y si ustedes esperaban suspender muchas, también la van a suspender. *Empresariales*

» Si me ponéis esto mal en el examen, seréis vilmente castigados con el ahorcamiento en la plaza de Cervantes. *Derecho*

» Los sistemas de tres, cuatro o cinco ecuaciones se pueden convertir en una tragedia griega. *Matemáticas*

» No se pongan nerviosos, porque si ustedes se ponen nerviosos, yo me pongo nervioso, y si yo me pusiera nervioso, sería terrible. *Derecho*

» Sois carne de cañón. *Matemáticas*

» «Tenéis miedo, ¿verdad?» Y tras hacer un guiño: «Os lo veo en la mirada.» *Dibujo*

3 LA VIDA EN CLASE

En este capítulo nos adentramos en la rutina del día a día, en el trato habitual entre profesor y alumno.

Si hay algo a lo que se enfrentan diariamente los alumnos, ese algo son los apuntes: folios y folios que se rellenan a toda velocidad. Muchas veces el alumno no sabe ni lo que está escribiendo, pero da igual, ya lo leerá en casa cuando tenga tiempo; de momento bastante tiene con seguir anotando a pesar de los calambres que le recorren todo el brazo.

Como decía un profesor de Filosofía cuando iba a iniciar su clase magistral: «¡Hale, pichones, a copiar!»

Algunos docentes consideran absolutamente fundamentales los apuntes.

» A mí me da igual cómo toméis apuntes: como si cogéis papel de váter, escribís encima, lo arrancáis y os lo lleváis a casa. *Física*

» Debéis tomar apuntes, aunque sea en una hoja. *Química*

» Si no emborronáis papeles, no vais a llegar a ningún sitio. *Matemáticas*

» A un alumno que no está tomando notas: «No te esfuerces en copiarlo, no te vaya a dar un esguince de codo.» *Matemáticas*

Incluso hay profesores que se ponen de lo más nerviosos si la calidad de los apuntes no es la que ellos consideran suficiente:

» Estos apuntes no valen *pa' na'*. ¡Quémalos! Y estudia por el libro. *Matemáticas*

Sin embargo, hay otros que no consideran que las notas de clase sean tan importantes:

» No toméis tantos apuntes; total, luego no los estudiáis... *Historia*

» Luego la fórmula $v = ds/dt$ juega el mismo papel. Bah, tachadlo, que es una gilipollez. *Física*

Y también los hay que no dejan muy claro si los apuntes son importantes o no:

» Esto no hace falta que lo escribáis, pero lo ponéis. *Matemáticas*

» De todas estas tonterías que he escrito en la pizarra, copiad las que queráis. *Filosofía*

En lo que sí están de acuerdo prácticamente todos los profesores es en dos puntos: en que los alumnos copian compulsivamente y hay que pararles los pies, y en que es conveniente ayudarles mucho para que escriban correctamente las cosas, porque hay cada uno...

» Si tomamos 1.000 unidades de masa atómica, dicho a lo bestia, una *kilounidad*... ¡Eso no lo apuntéis, que no existe! *Química*

» El profesor escribe el teorema de Boizano en la pizarra y al darse la vuelta ve que los alumnos lo están copiando. «¡Pero no lo copiéis, hombre, si viene en los apuntes que os fotocopié el otro día! ¿Para eso me quedé sin pasear al perro, para preparar unos apuntes que después ni miráis?» *Matemáticas*

» Hablando de la mecánica ondulatoria de Schrödinger. «Y ahora que ya lo habéis copiado, tengo que deciros que esta fórmula no la vais a entender ni a usar hasta tercero de carrera, pero si queréis, en media hora os la deduzco.» *Química*

» Hablamos ahora de Enrique VIII: pongan ustedes una uve y tres palotes. *Historia*

» He dicho *ceras*, sin la *a* previa de *aceras*. *Biología*

» Alumno: «¿Cómo ha dicho?»
Profesor: «He dicho *murámico*, con *mu* de toro, y ácido urónico, con *¡uh!* de fantasma.» *Biología*

» Alumna: «¿*Villanía* es con be o con uve?»
Profesor: «Con hache.» *Lengua*

Es que a veces preguntamos unas cosas…

» «Ahora poned un paradigma ilustrativo en vuestros apuntes.» Y ante la desorientación de los alumnos: «Que pongáis un ejemplo, hombre.» *Inglés*

Las cosas se complican todavía más cuando el inglés está de por medio, porque la mezcolanza de idiomas no contribuye precisamente a aclarar las cosas.

» El *journey* da la *sensation* de ser *longer*. *Inglés*

» Esto no es para *homework*, es para *now*. *Inglés*

» *I can't hear you*, porque no me dejan. *Inglés*

» *This year I'm not going to do any* desdobles *here*. *Inglés*

» Porque yo tengo el *teacher's book*, es decir, el *book* del *teacher*. *Inglés*

» Un *it* no puede *understand*. *Inglés*

» Con lo bien que suena Tom Cruise, en español sería Tomasito Crucero. *Inglés*

» Hablando de grupos de música: «Otro grupo son los *Sex Pistols*, que traducido al español significa *Seis Pistolas*.» *Matemáticas*

» A una alumna que acaba de leer un texto en inglés. «Muy bien. Ahora vuelve a leerlo pero sin comer sopa.» *Inglés*

» Profesor: «Es como los anuncios de *yi an bi*.»
Alumnos: «¿De qué?»
Profesor: «De J&B.» *Biología*

Si, como se ha visto, los apuntes ya dan juego, ¿qué se puede decir de los ejercicios? A los profesores les gusta comprobar regularmente el nivel de conocimientos de sus criaturas, que no siempre es tan alto como convendría.

El planteamiento de las preguntas y ejercicios puede realizarse de manera convencional, pero también los hay innovadores en este terreno.

» Problema: Manolo cae a un pozo que mide 37

metros de profundidad. ¿Cuánto tiempo tardará en oírse *pluf*? *Física*

» ¿Qué es la frase «Se olvida del abrigo», aparte de una putada? *Lengua*

» ¡Venga, un problema sorpresa! ¡Ja, ja, ja! *Física*

» A falta de otros juegos más sugerentes, les dejo unas ecuaciones para que pasen el rato. *Matemáticas*

» Profesor: «Dime un sintagma preposicional.»
Alumna: «¿Con preposición?»
Profesor: «No, con ajo, sal y un poquito de vinagre.» *Lengua*

» Hipótesis: llegará una bomba de neutrones que hará desaparecer de la faz y contrafaz de la Tierra a todo ser viviente. Pregunta: ¿Seguirá existiendo la Luna? *Filosofía*

» ¿Qué es la mediana? ¿Un café con un poco de leche? *Matemáticas*

» $sen\ x\ cos\ x + cos\ x - sen\ 2x + cos\ x\ sen\ x = 0$. Ahí tenéis: un tren de mercancías de senos y cosenos a toda pastilla. *Matemáticas*

» El profesor entrega fotocopias de un artículo de

periódico a los alumnos para hacer un comentario. «Después del ejercicio, necesito que me devolváis las fotocopias, así que por favor no pintéis en la ilustración un pene con unos cojones enormes.» *Religión*

» Este ejercicio se lo hacen ustedes, porque ahora no tengo ganas de pensar. *Matemáticas*

» ¡Hala, al tajo! ¡Marica el último! *Matemáticas*

Los ejercicios, como todo el mundo sabe, no reducen su ámbito de influencia al aula, sino que en muchas ocasiones acompañan al alumno hasta su mismo dormitorio.

» Y para que no decaiga la juerga, van a llevarse ustedes a sus garitos particulares unos cuantos ejercicios. *Matemáticas*

» Quiero que para mañana me hagáis los ejercicios 1, 2, 3, 4, 5 y 6. En dos palabras: to-dos. *Inglés*

» Oración para analizar sintácticamente: «Si no hacéis estas oraciones, el lunes seréis azotados públicamente en el recinto ferial.» *Lengua*

Llega la hora de la resolución de los ejercicios en clase, otro momento crítico para el alumno.

» Alumno: «Yo no quiero que me pregunte.»
Profesor: «¿Desde cuándo me interesa tu opinión?» *Música*

A la propia dificultad de la pregunta que formule el profesor hay que añadir el hecho de que contestar en público siempre es arriesgado. Por eso son habituales las respuestas poco claras, las dudas e incluso el silencio. Muchas veces más vale permanecer callado y parecer idiota que hablar y demostrarlo.

» A un alumno que tarda en contestar: «Venga, Alberto, pecador, dilo...» *Filosofía*

» Profesor: «A ver, Roberto, ¿dónde están los homólogos de estos puntos?»
Alumno: «En el infinito.» Respuesta equivocada.
Profesor: «Muy bien, en el infinito o ni puta idea; total, lanzándolo al infinito hay más posibilidades de acertar.» *Dibujo*

» A un alumno que no se sabe demasiado bien el tema: «Te fallan las pinzas con las que lo estás cogiendo.» *Historia*

» Aquí hay gente que sacrifica matrices, creo que es la última novedad en matemáticas. *Matemáticas*

» Profesor: «¿Qué entiende Locke por reflexión?» Alumno: «La observación de los objetos externos.» Profesor: «¡Ay, hermano! Estás más perdido que Wally en el Frente Atlético.» *Filosofía*

» A un alumno que se confunde al desarrollar la lección: «Si juegas con fuego, luego te meas en la cama.» *Historia*

» Teorema del *punto gordo*: si dos gráficas se cortan en un punto, pero no te coinciden, se dibuja un punto muy gordo y ya está. *Matemáticas*

» Corrigiendo un análisis morfológico: «¿CCC? ¿Qué es "CCC"? ¿Curso de Corte y Confección?» *Lengua*

» Profesor: «¿Quién era Schiller?»
Alumno: «Un hombre.»
Profesor: «Sí, creo que un hámster no era.» *Música*

» Un alumno repite varias veces lo mismo, tratando de hacerse entender. Al final el profesor le interrumpe: «¡Que sí, hombre, que sí, que no sé lo que dices pero tienes razón!» *Lengua*

» Explicando el liberalismo político. Profesora: «A ver, la división de poderes.»
Alumno: «Eeeh... jurídico... político... ejecutivo... no, no, administrativo...»

Profesora: «Pero si es nuestro sistema actual.»
Alumno: «Sí, pero es que yo soy apolítico.»
Profesora: «Y yo afrancesada.» *Historia*

» Las tildes existen y tienen derecho a la vida, como todos. *Lengua*

» Un alumno contesta a una pregunta yéndose por los cerros de Úbeda. Profesor: «Vaya un despeje que has hecho, te mereces las dos orejas y el rabo.» *Física*

» A un alumno, tras contestar una burrada. «Mira que bajo a Secretaría y rompo las actas de notas del año pasado, ¿eh?» *Lengua*

» Profesor: «A ver, ¿qué le falta a esta puerta micénica?»
Alumna: «El pomo.»
Profesor: «Como sigas haciéndote la graciosilla, coges el pomo y te vas fuera.» *Arte*

» Profesora: «¿Alguien sabe la respuesta?»
Alumno: «1.000 pesetas. ¡Pues qué barato, seguro que es de un Todo a 100!»
Profesora: «La materia gris te la compraste allí, ¿verdad?» *Matemáticas*

» Es imposible que te dé 4,78 moles. ¡Eso sería el milagro de los panes y los peces! *Química*

La materia gris te la compraste en un Todo a Cien, *¿verdad?*

A pesar de todo, los profesores se esfuerzan por arrancar alguna respuesta correcta: animan, aconsejan, tratan de convencer de que los ejercicios son sencillos...

» Este problema es facilísimo. ¡Viene en los huevos Kinder de Física! *Física*

» Alumno: «Échenos una manilla con la formulación. ¡Es que está poniendo moléculas muy difíciles!»
Profesor: «Yo creo que el ciclopropanol está al alcance de todos los españoles.» *Química*

» En los problemas de matemáticas debéis moveros con agilidad, como si estuvierais en una discoteca. *Matemáticas*

» A ver cómo resolvéis este problema con ese *peazo* cabeza llena de sesos. *Matemáticas*

» Reconozco que al enfrentarse a este tipo de ejercicios se comienza sintiendo náuseas, pero se acaba entrando en éxtasis. *Matemáticas*

» A un alumno que va a manipular un aparato eléctrico en el laboratorio: «Como te equivoques, hijo, pues a morir.» *Física*

» El profesor propone en la pizarra un complicadísimo ejercicio de álgebra. Ante los gestos de intranquilidad de los alumnos, grita: «¡Que no cunda el pánico, las mujeres y los matemáticos primero!» *Matemáticas*

» ¡Venga: 10 puntos y la lavadora para quien lo diga! *Lengua*

A pesar de todos los esfuerzos, una gran mayoría de los alumnos opta por mantener la boca cerrada, para evitar males mayores. Lógicamente, es una actitud que no agrada precisamente a los profesores, que en muchos casos acaban enfadándose.

» Pero vamos a ver: ¿qué tercera Ley de Mendel hay que aplicar en este problema? *Biología*

» «Dime la relación entre el comunismo platónico y el marxista.» Y tras esperar un rato sin obtener respuesta: «En lo que llevas dicho no has cometido ningún error.» *Filosofía*

» Como en selectividad preguntéis qué es resolver matricialmente, es que os recogen el examen. *Matemáticas*

» Profesora: «¿Os gustan los donuts?»
Los alumnos, desconcertados: «Sí.»
Profesora: «Vale, pues tenéis uno cada uno en vuestra lista.» *Inglés*

» ¿Nadie lo sabe? Decid que sí, lejos de vosotros la peligrosa innovación de estudiar. *Arte*

» Os voy a suspender y luego voy a bailar un zapateado sobre vuestros ceros. *Filosofía*

» «Quien lo sepa, que levante la mano.» Y tras esperar, en vano: «Ustedes no levantan la mano aunque se lo ordene la Falange.» *Lengua*

» Nadie contesta a una pregunta del profesor. «Responded, que no sois unas esfinges.» Pero sigue sin contestar nadie. «¿Hay alguien ahí?» *Matemáticas*

» Analizando la frase «Le avisaron por teléfono de que el gato se había escapado», la profesora pregunta cuál es el sujeto del verbo *escapar*. Tras esperar sin obtener respuesta, pregunta desesperada: «A ver, ¿quién se ha escapado: el gato o el teléfono?» *Lengua*

» ¡A ver si estudiáis, que algún esfuerzo tenéis que hacer, además de defecar! *Educación Física*

» Muchos de vosotros vivís en pecado lingüístico. *Lengua*

» En la medida que te niegas a hacer cálculo mental, te estás atrofiando el cerebro. *Matemáticas*

» ¿Qué pasa? Seréis perros, que no queréis estudiar... *Historia*

» Sólo las personas que estudian merecen el perdón divino. *Literatura*

» Intentar aprender lengua sin hacer los ejercicios es como intentar aprender a montar en bici sin montarse en una. *Lengua*

» ¡Si no queréis estudiar, id al campo a tiraros a la Bartola o a la primera que pase! *Literatura*

» Y yo voy y pregunto. ¡Seré incauto! *Matemáticas*

» Ante la falta de respuesta a una pregunta: «No me contestéis tantos, que me abrumáis.» *Matemáticas*

» Y tras explicarlo un par de veces más y volver a preguntar lo mismo sin obtener, de nuevo, respuesta: «¡Os meriendo!» *Matemáticas*

» Y para colmo, a los que no hacen los ejercicios los consideráis héroes. *Matemáticas*

Encima, eso...

Una situación peculiar es la que se produce cuando el alumno sale a la pizarra, algo que, por cierto, no suele hacerle ninguna gracia.

» Profesor: «Salga a la pizarra.»
Alumno: «¿Yo?»
Profesor: «No, el que está dentro de usted.» *Matemáticas*

Una vez en la palestra, la desprotección es total.

» No me escriba en liliputiense, que tiene toda la pizarra para usted. *Matemáticas*

» Un alumno, mientras resuelve una integral: «Y pongo una barrita aquí.»
Profesor: «¿De pan, lerdo?» *Matemáticas*

» Profesor: «El cero no se puede poner.»
Alumno: «Pues aquí sí.»
Profesor: «¿Qué pasa, que tú no puedes vivir sin el cero? Desde luego, hay amores que matan.» *Matemáticas*

» Alumno: «¿Se puede hacer así?»
Profesor: «Por mí, como si coges dos piedras y...» *Física*

» Sobre la caligrafía de una alumna: «Tus logaritmos parece que bailan la jota con el número *e*.» *Matemáticas*

» Un alumno trata de resolver un ejercicio. Tras unos instantes, el profesor le dice: «Déjelo,

déjelo, es demasiado para usted.» *Matemáticas*

» Para hacerte el interesante pones una cara como si estuvieras explicando filosofía presocrática. *Matemáticas*

» Un alumno resuelve un problema, pero no especifica las unidades a que se refiere el resultado final. «A ver, ¿qué es esto? ¿Atmósferas? ¿Boniatos? *¿Bujeros?*» *Química*

» Un alumno plantea un problema en la pizarra y el profesor, visiblemente satisfecho, dice: «Ahí lo tenéis: un claro ejemplo de cómo no se debe plantear un problema.» *Física*

» Alumno: «¿Puedo resolverlo así?»
Profesora: «Tú verás. ¿Tienes seguro de vida?»
Lengua

» Si la pizarra pudiera, chillaría. *Matemáticas*

Si con los ejercicios de clase se pasa mal, lo de los exámenes es ya la repanocha: no hay cosa que más pueda estresar a un alumno que un examen. En las fechas previas a uno de estos ejercicios son habituales las alusiones del profesor para tratar de aclarar las condiciones del ejercicio, para dar algunos consejos finales e incluso para intentar estimular a los alumnos.

» Cuando hagáis el examen, las cuentas claras y el chocolate espeso. Y con la letra de los domingos. *Economía*

» En el examen me da exactamente igual cómo pongáis los signos, pero ponedlos bien. *Arquitectura*

» ¿Sabes lo que es preparar un examen de matemáticas? ¿Lo has hecho alguna vez? *Matemáticas*

Este tipo de estímulo es relativamente agresivo.

» Os aconsejo que tengáis cuidado a la hora de hacer los cálculos porque, como ya sabéis, cada calculadora es un mundo. *Matemáticas*

» El examen durará una hora, es decir, 50 minutos. *Física*

» Tendremos dos exámenes: uno para suspender y otro para recuperar. *Matemáticas*

Y este tipo de estímulo es absolutamente agresivo. De hecho, hay alumnos que a estos comentarios ni siquiera les conceden la categoría de estímulo.

» Hasta aquí entra en el examen, así que ya saben lo que tienen que estudiar: lo de siempre, es decir, todo. Pero no me culpen, ingratos. *Química*

» El profesor se extraña de que los alumnos decidan poner el examen un lunes. «A mí me da lo mismo; yo de todas formas me iré de copas con mi mujer.» *Filosofía*

» Catorce votos para que el examen sea el miércoles y dieciséis para que sea el jueves. Lo justo es que sea el miércoles. *Historia*

A veces la justicia de los profesores es inescrutable.

» No olvidéis que mañana hay examen. Tenéis una cita conmigo en el salón de actos. Lo siento, no hay barra libre. *Física*

» Para el examen de mañana, que Dios reparta suerte, porque como reparta justicia lo lleváis claro. *Religión*

» Si no practicáis los ejercicios, en el examen vais a estar más oxidados que un pulpo en un garaje. *Matemáticas*

» Si metéis la pata en la notación, la habéis cagado. *Matemáticas*

» En los exámenes es mejor no pensar, porque la pifias. *Economía*

Sin comentarios.

» Si suspendéis el examen, no os preocupéis: lo importante es participar. *Lengua*

» En selectividad, un «2» en Matemáticas es muy buena nota. *Matemáticas*

Estos dos últimos son unos optimistas de la vida, aunque ambos resultan poco convincentes para un alumno.

» Soy consciente de que hace mucho tiempo que hemos visto la formulación y de que ya se os ha olvidado. Por lo que veo, también deduzco que en vuestro estudio para el examen de mañana aún no habéis llegado a esa parte. Pues me parece que va a ser una noche muuuuuuuuy larga. *Química*

» Alumno: «¿Cuánto va a valer el examen?»
Profesor: «Cinco euros.» *Química*

En ocasiones, los consejos y las ayudas llegan más allá de lo habitual.

» Si hay profesores cortos de vista que no les ven las chuletas, ¡hijos míos, aprovéchense! *Física*

» Esto va a caer en el examen. ¡Lo sabré yo, que lo voy a poner! *Matemáticas*

Sin embargo, hay otros que ni hablar del peluquín.

» A ver si os vais a creer que esto es como Rusia: vosotros hacéis como que estudiáis y yo hago como que os apruebo. *Gestión y Administración Pública*

Unos días después del examen, los alumnos esperan con avidez las calificaciones. No todos los profesores son rápidos para dar las notas y, además, cada uno ha desarrollado su personal manera de salirse elegantemente por la tangente cuando se les pregunta.

» Alumno: «¿Nos da las notas?»
Profesor: «Do, re, mi, fa, sol, la, si, do.» *Matemáticas*

Tarde o temprano, en cualquier caso, los resultados llegan. Es el momento entonces para que el profesor comente en clase las respuestas de sus alumnos.

» Los resultados que os salen a algunos son más misteriosos que lo de la Santísima Trinidad. *Física*

» Si Dalton, Gay-Lussac y Avogadro resucitaran un día, vendrían aquí y nos echarían sulfúrico por los oídos. *Química*

» En algún ejercicio había gente a la que le salía más materia que al principio: era el milagro de los panes y la materia. *Química*

» Hay un señor que es metafísicamente imposible que apruebe. *Historia*

» Estoy putrefacto de corregir exámenes vuestros. *Filosofía*

» Hacer un examen no es venir a vomitar. *Lengua*

Es que hay algunos que sueltan unos rollos...

» Por favor, dejad de ponerme expresiones de tipo «se va», «se va», «se va», «se va»... ¡El Tratado de Versalles no se va a ninguna parte! *Historia*

» Tiene intríngulis: para dibujar una elipsoide, dibujáis una esfera, y como no os sale bien, os sale una elipsoide. *Cálculo*

» Es que cogen ustedes la carretilla y, ¡hala!, a hacer obras. *Filosofía*

» A una alumna que ha cometido un error garrafal en un examen: «En la universidad, nunca digas que procedes de este instituto.» *Geología*

» Tienes una letra saltimbanquesa. *Literatura*

» De verdad, que algunos exámenes parecen artículos de la revista *Más Allá*. *Historia*

Después de estas lindezas, es lógico que algunas puntuaciones no sean demasiado altas.

» Juan: suficiente. Ya puedes estudiar, que estás en situación de terraplén. María, no estás en situación de terraplén; más bien necesitas subir en globo aerostático. *Historia*

De todas maneras, el motivo de las malas notas no siempre es consecuencia de la falta de acierto de los alumnos:

» Yo puntúo bajo porque vivo en un primero. *Matemáticas*

Ya ha quedado de sobra demostrado que los profesores se ven sometidos a situaciones de verdadera tensión nerviosa y que necesitan recurrir a tremendas dosis de paciencia para no perder la calma, pero a veces ni por ésas. Una de las pruebas más duras a la que deben enfrentarse tiene lugar cuando se encuentran a alumnos duros de entendederas.

» Me estáis mirando con cara de «¿qué está diciendo este tío?». *Física*

» Por favor, cierre un poco la boca que le he visto hasta la epiglotis. *Latín*

» Si alguien más tiene problemas con este tipo de ejercicios, que me lo diga: salimos fuera y lo solucionamos en un momento. *Matemáticas*

» ¿Lo has entendido ya, pocholo? *Filosofía*

» ¿No se entera de nada? Bueno, a estas alturas, yo tampoco. *Arquitectura*

» Estamos en la universidad; la química del instituto era la química de la Señorita Pepis. *Química*

» Mira, macho, cómprate una memoria en El Corte Inglés, las hay de todos los colores en la sección de juguetes; incluso verdes. ¿No las habéis visto nunca? *Filosofía*

» Profesor: «¿A qué os suena una recta cuya traza vertical es perpendicular a la traza vertical de un plano?»
Alumno: «A chino.»
Profesor: «Claro, por eso lo he puesto en amarillo.» *Dibujo Técnico*

Por lo menos, éste se lo tomó con humor.

» El profesor, harto de explicar una cuestión sobre vectores: «Pues si no lo entiendes, te colocas unas gafas vectoriales.» *Matemáticas*

» Cuando uno arruga la frente, o es que está en el váter o es que no entiende algo. *Inglés*

» Antes de calcular un producto de matrices: «Hala, lo vamos a hacer despacito, como si fuéramos tontitos.» *Matemáticas*

» Profesor: «Ahora vamos a ver cómo le daríamos la vuelta a la tortilla en esta ecuación.» Comienza a operar y al poco tiempo una alumna pregunta:
«¿Ya le ha dado la vuelta a la tortilla?»
Profesor: «¡Pero si ni siquiera he cascado los huevos!» *Física*

Habrá profesores con una importante falta de paciencia, por descontado, pero no queda más remedio que aceptar que hay veces en las que bastante bien reaccionan, para lo que tienen que aguantar.

» Cuando estudiábamos sistemas de ecuaciones en el primer trimestre, no lo hacíamos por simples motivos deportivos. *Matemáticas*

» Sí, hijo, sí, esto me lo he sacado de la manga. *Matemáticas*

» Alumno: «No lo entiendo.»
Profesor: «No te preocupes, tienes hasta septiembre.» *Lengua*

» ¿Lo veis o no lo veis? Parece que no. Vamos a por otro sentido. ¿Lo oléis o no lo oléis? ¿No? ¿Lo tocáis o no lo tocáis? *Lengua*

» Si alguien quiere hacer alguna pregunta más, que hable ahora o calle para siempre. *Empresas*

» Estás muy risueño hoy, no sé si es que no te estás enterando de nada o qué. *Matemáticas*

» Si alguien no me da la solución, no continúo. *Matemáticas*

Este comentario se hizo en febrero de 1997 y no se dispone de información sobre si se ha desatascado ya la situación o no.

» Tú de esos ejemplos, ni flores, ¿no? *Matemáticas*

» Hoy tengo una sensación muy extraña; algo así como que la gente sólo ha captado el 25% de lo que he dicho. *Matemáticas*

» Me temía una pregunta de este tipo. *Matemáticas*

» Si no lo entiendes, te lo repito, y luego te cojo por las orejas y te lo sigo repitiendo hasta que grites: «¡Clemencia!» *Historia*

» Alumno: «¿Y si el móvil se mueve con aceleración no constante?»
Profesor: «Pues si mi abuelo fuese *colorao* y tuviese rabo, no sería mi abuelo, sería un tomate.» *Física*

» No pongas esa cara de san Acapucio. *Literatura*

» ¿Qué pasa? ¿Hablo chino, polaco o nicaragüense? *Literatura*

» Si alguno se asusta, que se agarre a la mesa y respire tres veces. *Dibujo*

» Y el que no lo entienda, que llame a Rappel. *Dibujo*

» Alumno: «¿Puede repetir?»
Profesora: «Me echo la moneda y repito.» *Lengua*

» ¿Lo han entendido ya vuestras mercedes? *Derecho*

» Tenéis una empanada de tres pares de narices y yo soy rebelde porque el mundo me ha hecho así. *Filosofía*

» El profesor dibuja una gráfica en la pizarra y un alumno le dice que está mal hecha. El profesor se queda mirando el dibujo unos instantes y después levanta la vista y exclama: «¡Perdónale, Dios, porque no sabe lo que dice!» *Matemáticas*

» Dando un golpe con el libro en la mesa: «¿Qué? ¿Está clarito o no está clarito?» *Lengua*

Y el colmo de la incomprensión:

» No entiendo lo que no entiendes. *Informática*

Hay una situación todavía más exasperante que la de un alumno que no entiende: la de un alumno que ni siquiera presta atención. Y eso los profesores sí que lo llevan mal...

» En plena explicación se oye un bostezo. «Lo del bostezo en estéreo ha *estao* muy *lograo*; estamos rayando la perfección.» *Matemáticas*

» Una alumna interrumpe la explicación de la profesora para preguntarle de qué está hablando. «¿Cómo que de qué estoy hablando? Mira que te fulmino con un rayo jupiteriano.» *Matemáticas*

» A las ocho de la mañana: «No sé si no atendéis porque no os da la gana o porque estáis en estado semicataléptico.» *Química*

» Esto no es un cine, chaval, que sólo te faltan las palomitas. *Matemáticas*

¿Cómo que de qué estoy hablando?
Mira que te fulmino con un rayo jupiteriano.

» Explicar así es como predicar en el desierto. *Matemáticas*

» ¿Por qué estás sonriendo? ¿Estás drogada? *Economía*

» Al ver las pocas ganas que pone la clase: «Sois unos hombres grises, sin espíritu, es decir, átonos.» *Lengua*

» Al que no le interese, puerta. *Matemáticas*

» Me encanta que me atiendan tanto. *Matemáticas*

» ¿Qué? ¿Estamos a gusto? *Matemáticas*

» En estos momentos es cuando digo: ¿me están escuchando? *Matemáticas*

» Pasan cuatro autobuses y la clase se despista con el ruido. «Como no comprendáis esto, puede ser tan demoledor como que uno de esos autobuses se empotre y nos arrolle.» *Filosofía*

» El profesor, tratando de explicar —sin conseguirlo— el cristianismo: «Oye, si no atendéis en todo el curso, suspenderéis. ¡Pero si no atendéis al cristianismo, además de suspender iréis al infierno!» *Filosofía*

Todo un profeta.

» El profesor, a un alumno que se está durmiendo: «Vas a romper la mesa de un cabezazo.» *Filosofía*

» Comprendo y hasta me parece bien que os aburráis con mi asignatura, pero me parece una falta de respeto que me lo demostréis. *Dibujo*

En definitiva, es incluso comprensible que los profesores acaben por dar rienda suelta a su frustración y pasen al ataque.

» Hablo así porque me sale de los cojones y porque viene escrito en el *Diccionario* de la Real Academia Española. *Trabajo Social*

» La función está acotada, no le queda más narices. Os lo creéis y punto. Fuera del entorno pasará lo que le dé la gana, me importa un bledo. *Matemáticas*

» Ríanse, *desgraciaos*, ríanse. *Filosofía*

» Esta pregunta es tan tonta que me dan ganas de levantarme y sacarte los ojos. *Matemáticas*

» Alumno: «¿Me explica el ejercicio 17?»
Profesor: «No me apetece.» *Matemáticas*

» Esto es peor que ir a caballo. *Matemáticas*

» Explicando los contextos, el profesor pide que le digan un objeto de color rojo. «Una ambulancia», se oye. «Sí, hombre, y un puticlub.» *Lengua*

» No sé qué pasa aquí, pero cuando estoy en esta clase tengo la sensación de que soy gilipollas. *Filosofía*

» Tienen que saliros callos en el trasero de estudiar. *Filosofía*

» Os lo pasáis todo por el forro de los cojones... los varones; las mujeres, por las glándulas de Bartolino. *Biología*

» ¡Yo desisto! *Matemáticas*

» Quien no sepa esto, que coja las maletas y se vaya. *Matemáticas*

» No pongáis en duda mi decaimiento de neuronas. *Física*

» Con vosotros he fracasado. *Matemáticas*

» ¡No quiero risas, no quiero decir una burrada! Es que estoy muy cargado. *Matemáticas*

» Tengo ganas de salir corriendo de esta clase. *Matemáticas*

» Estoy un poco quisquilloso, no sé si se nota. *Matemáticas*

» No sé cómo os enseñan la regla de Sarrus, que es la regla más tonta, estúpida, imbécil, asocial, deprimente, gilipollas, irracional y absurda. *Física*

» Me tomo una tortilla de valium y me tranquilizo. *Lengua*

» Turutu, turutu, me ha dado un telele. *Matemáticas*

Estos dos últimos se encontraban verdaderamente al borde del colapso nervioso.

» Un día va a venir Garcilaso y se va a batir con vosotros en duelo. *Literatura*

» ¿Dónde se almacena la grasa? Como dijo el premio Nobel de Química... Bueno, ya sé que vosotros del periódico sólo veis la página de deportes y la de contactos. *Biología*

» Me estoy traumando, voy a salir traumada. *Geografía*

» Si no os gusta cómo explico, os jodéis y os vais de clase. *Empresas*

» ¡Son ustedes inefables! *Arte*

» El profesor, cansado de que los alumnos se confundan una y otra vez: «Quince *u* es la masa de un átomo. ¡Y quince gramos la de la hostia de átomos!» *Química*

» A este paso, me echáis a los albañiles... *Matemáticas*

» Si te preguntas por la estabilidad mental de la profesora: -0,8. *Matemáticas*

Hay una circunstancia que no es responsabilidad ni de profesores ni de alumnos, pero que también genera un constante tira y afloja entre ellos: las últimas horas. En esos momentos, todos están más susceptibles y con menos paciencia que de costumbre.

» ¿Tenéis cara de no entender o de tres menos diez? *Historia*

» Estamos con el *bulli-bulli* porque es última hora, ¿no? *Filosofía*

» ¿Por qué no me pedís 500 *pelas* y os vais a tomar un café? *Lengua*

» Explicando el budismo: «El siguiente nivel es el de los poetas o fantasmas hambrientos. Bueno, a estas horas todos tenemos algo de poetas.» *Filosofía*

» Esta hora de los viernes la cambio yo por un burro viejo. *Religión*

A pesar de todo, de ese cansancio que se observa al final del partido en los jugadores de ambos equipos —profesores y alumnos—, siempre se genera una confrontación psicológica: los profesores nunca tienen suficiente tiempo para completar sus explicaciones, mientras que los alumnos están deseando salir a la carrera.

» Quedan diez minutos para que suene el timbre, pero como yo soy el profesor, pueden quedar veinte, treinta... *Geografía*

» ¿Quién ha dicho que es la hora, que lo echo ahora mismo? *Matemáticas*

» Queda un minuto: empezamos tema nuevo. *Biología*

Algunos ni siquiera se dan por satisfechos aunque suene la campana.

» ¡No os mováis, que la cucaracha que tenéis ahí fuera va adelantada! *Filosofía*

» ¡Quietos, que este tiro a canasta lo he hecho antes de que sonara la bocina! *Física*

Algunos más se resignan, pero no pueden evitar un comentario de desagrado.

» ¡Menuda chicharra tenéis por timbre! *Lengua*

Y otros aceptan la derrota con deportividad.

» ¡Hala, pirañitas, a casa a por el bocadillo de Nocilla! *Filosofía*

4 EL QUE TIENE BOCA SE EQUIVOCA

¿Quién no ha sufrido un lapsus matemático en su vida? En multitud de ocasiones vemos cómo la gente comete este tipo de errores y no pasa nada. Sin embargo, cuando el fallo es de un profesor, nos parece mucho más divertido.

» La velocidad de la clase es demasiado lenta, debería ser el doble de rápida. Es decir, si vamos a una velocidad x, debemos ir a $x + 2$.

El comentario lo hizo una profesora de inglés: la buena mujer se metió en camisa de once varas y... bueno, pasa lo que pasa. Es cierto que las matemáticas a veces no son sencillas ni para los propios profesores.

» Tenéis que traer 6.250 pesetas. Y si sois familia numerosa, la mitad, es decir, 4.000... no, 3.000... 3.200... ¡Traedme una tiza!

Hay quien patina en operaciones más sencillas.

» Para dibujar la elipse necesitamos ocho puntos; para esta otra figura, que es más pequeña, necesitamos la mitad, o sea, cinco. *Dibujo Técnico*

» Las matemáticas no siempre son exactas. Por ejemplo, dos y tres no siempre son cuatro. *Lengua*

Entre los profesores de asignaturas no científicas los hay incluso que demuestran un absoluto desprecio por las matemáticas.

» No sé si es 20 o 200, porque a mí un cero más o un cero menos me resbala mucho. *Filosofía*

Sin embargo, los lapsus matemáticos alcanzan su apogeo cuando son los propios profesores de matemáticas quienes los sufren.

» Profesora: «El ángulo recto del triángulo sería éste.»
Alumno: «¿No sería el de la derecha?»
Profesora: «Es que hay dos.»

» El profesor, mientras resuelve un problema en la pizarra: «Y por aquí tenemos la *x*...» Se detiene, se aleja de la pizarra y, tras observar durante unos segundos: «¿Dónde coño está la *x*?»

» 6 x 2 = 30. ¿Entendido?

» Pero vamos a ver: ¿cómo va a ser igual tres por tres que tres al cuadrado?

» El logaritmo de 96 es 4,6 y esto sumado a la raíz cuadrada de 856, que es 29,3, nos da 33,9. Ahora, todo esto se suma al producto 2 x 2 y nos da... ¡Un momento! ¿Cuánto es 2 x 2?

Este último resulta más sorprendente. Es como cuando un jugador de fútbol regatea a todos sus contrarios, incluido el portero, y luego chuta fuera cuando tiene la portería vacía.

» «A ver, ¿me podéis sumar 24 y 32? Es que yo, si no es con calculadora...» Poco después: «Decidme, ¿cuánto es 8 x 4? Porque yo, la verdad, eso de multiplicar...»

» La profesora comprueba lo largo que es resolver un ejercicio y se pasa un rato pensando cómo hacerlo más corto. Finalmente se acerca a la pizarra y escribe: «Muy largo.» A continuación, aclara: «Pero esto no vale ponerlo en el examen.»

También es curioso comprobar cómo reaccionan algunos ante sus propios errores.

» Durante la clase, la profesora se confunde constantemente al corregir unos ejercicios en la pizarra. Tras el enésimo error, se detiene y dice: «Os aseguro que no me he fumado ningún porro.»

Es una forma de pedir disculpas.

» El profesor, tras resolver un larguísimo ejercicio en la pizarra, se da cuenta de que está mal hecho. De repente, exclama: «¡Mastuerzos! ¿Por qué me habéis dejado terminar el ejercicio, si me he confundido al principio?»

Éste le colgó el mochuelo a los chavales.

» Profesora: «¿Alguna vez he dicho yo *dos entre cero*?»
Alumnos: «Sí, ahora mismo.»
Profesora: «No. Nunca jamás he dicho *dos entre cero*.»

Ésta es de las que niegan la evidencia.

» Si me he equivocado, no me lo digan.

Y éste prefiere aplicar eso de que ojos que no ven...

No todos los errores son de tipo matemático, ni mucho menos, y eso es una suerte para alguien que, como yo, escribe un libro sobre ello. La condición humana de nuestros profesores —*errare humanum est*— da mucho juego. Algunos de esos errores resultan de lo más simpáticos:

» Para los renacentistas, había dos mundos: uno terrenal y otro suprarrenal. *Arte*

» Otra de las obras que tenéis que leer es *San Manuel Bueno Martínez*. *Literatura*

Lo de Martínez me encanta.

» Renacimiento en el siglo XVI; barroco en el siglo XVII; neoclasicismo en el XVIII. Como veis, vamos a movimiento literario por año. *Literatura*

» Si el punto imagen viene del infinito y los rayos pasan por el foco, ¿dónde se encuentra el punto *ojete*? Digo... objeto, el punto objeto. *Física*

» Es cierto, el otro día lo leí en la radio. *Filosofía*

» No me confundáis las churras con las *meninas*. *Filosofía*

» En esa época, la jornada laboral era de 44 horas diarias. *Historia*

Eso sí que es un palizón de muerte, que ahora nos quejamos por nada.

» La revolución industrial comenzó en el Reino Unido y de allí se extendió a Inglaterra. *Filosofía*

» Alumno: «¡Qué anillo más bonito lleva usted! ¡Le habrá costado una pasta!»
Profesora: «¡Qué va, si sólo es charcutería!» *Inglés*

» Para conocer las diferentes capas de la Tierra, se usan palos de 500 kilómetros de profundidad. ¿O eran menos kilómetros? *Ciencias Naturales*

» Que levante la duda quien tenga una mano. *Matemáticas*

» Profesora: «Éste es el Cristo de Goya.»
Un alumno: «Pues se parece mucho al de Velázquez, ¿no?»
Profesora: «Sí, en algo se parecen.»
Otro alumno: «¿No es el Cristo de Velázquez?»
Profesora: «Perdonad, es el Cristo de Velázquez.» *Arte*

» Leonardo dibujó al hombre proporcionalmente: la cabeza era siete veces el cuerpo. *Filosofía*

» Una letra de cambio firmada el 26 de febrero, por ejemplo, la pagaremos el 30 de febrero. *Contabilidad*

Pues eso, todos a firmar letras el 26 de febrero.

» Voy a pasar lista por orden cronológico. *Literatura*

» Un eufemismo sería, por ejemplo, en lugar de decir que alguien tiene sida, que es portador del virus VHS. *Lengua*

» No es lo mismo la pronunciación de la «S» de un andaluz que la de un sevillano. *Lengua*

» ...y desperdiciamos el francio. Quiero decir que lo despreciamos. *Química*

» Hablando de los músculos de la escultura de Heracles realizada por Escopas: «Fijaos, parece uno de esos que hacen cursos de *esculturismo*.» *Arte*

» Los ríos de la vertiente cantábrica son cortos porque nacen cerca de la costa y porque desembocan también muy cerca de la costa. *Geografía*

» Vamos a estudiar la *proda*... la *probra*... la *probabri*... Bueno, ya sabéis. *Matemáticas*

» Explicando el tejido óseo esponjoso: «Las trabéculas del tejido óseo esponjoso se disponen formando una malla tridimensional, dejando unas cavidades rellenas de rica anchoa... digo, de médula espinal.» *Biología*

» Visiblemente afectado por una sobredosis de tiza producida tras cuatro pizarras borradas, el profesor sigue explicando: «El amoníaco se comporta prácticamente como amoníaco.» *Química*

» El *bichinglis* de Guinea es una mezcla de castellano y español. *Lengua*

» La cara es el espejo del rostro. *Ética*

» Vamos para atrás, como las tortugas. *Matemáticas*

» Tenemos un paciente con acortamiento de la extremidad inferior izquierda, hipoplasia femoral y tibial, y falta de articulación en el pene... ¡Uy, perdón! En el peroné. *Terapia Ocupacional*

» Lanzamos un dado y sale cara; lo lanzamos otra vez y sale cruz. *Estadística*

» Explicando el desarrollo de Taylor: «Derivada segunda partida por *dios*... [risas]. Bueno, seguro que también interviene.» *Matemáticas*

» Hablando del arte en Roma: «En las plazas *ramonas*...» *Arte*

» Un grave error que la gente comete en los exámenes consiste en poner neurona en lugar de nefrona, así que, ¡ojo! Bien, como iba diciendo, la neurona filtra la orina, es la parte funcional del riñón. *Farmacia*

Y para redondear la jugada, cuando los alumnos le sacan del error:

- » Las nefronas son las que fabrican la harina... ¡uy!, orina. *Farmacia*

- » Después de hallar las coordenadas, hay que dibujar el *pinto*... Y el Valdemoro. ¡Mecachis! *Matemáticas*

- » «*-algia*» significa «dolor». Por ejemplo, dolor de cabeza es «*cefalea*». *Lengua*

Sí, es cierto, se trata de lapsus mentales inocentes e inofensivos, pero todos ellos tienen algo en común: siempre había un alumno, bolígrafo en ristre, dispuesto a inmortalizar el comentario y hacérmelo llegar.

Lo mismo ocurre con las siguientes frases, aunque algunas de ellas van más allá del simple lapsus y rozan el terreno de la barbaridad.

- » «*El Mar* es una trilogía de Baroja.»
  Una alumna interrumpe: «En el libro dice que se compone de cuatro obras.»
  Profesora: «¿Ah, sí? Bueno, pues entonces es una trilogía de cuatro obras.» *Literatura*

- » Estaba sentado debajo de un árbol y le cayó una manzana en la cabeza. Así fue como descubrió la fuerza de la gravedad Franklin. *Derecho*

» Los novelistas del siglo XIX utilizaron mucho la figura del autor omnisciente; por ejemplo, Miguel de Cervantes. *Literatura*

» Profesora: «Esta escultura se titula *Galo suicidándose.*» Alguien pregunta: «¿Galo?» Y la profesora aclara: «Sí, galo, de Galicia.» *Arte*

» «Oigo *murmuros*. ¿*Murmuros*? ¡Murmullos!» Un rato después: «¡No *murmulléis*!» *Empresariales*

» Un profesor universitario de Economía: «El déficit del Estado es de unos cuarenta millones de pesetas...» Y tras unos instantes de pausa: «No, no sé cuál es el déficit del Estado.»

» Julio César llegó, vino, vio y venció. *Lengua*

» El cosmos surgió de una gran explosión original: el *binbán*. *Filosofía*

» Ya sabéis que el iris es el blanco de los ojos. *Arte*

» Este autor se llamaba José Martínez. Azorín es el *sinónimo* con el que firmaba sus obras. *Literatura*

» Ejemplo de oración con infinitivo: «Más vale pájaro en mano que ciento volando.» *Lengua*

» Llamaremos a los planos con las letras romanas alfa, beta y omega. *Diseño*

» Viriato fue un general español que durante las guerras púnicas cruzó los Alpes en elefante. *Historia*

» Los tres planos del lenguaje son como los tres lados de un cubo. *Lengua*

» Profesora: «No se puede tolerar que hayan puesto una frase en plural con el sujeto en singular; desde luego, el ministerio se ha *cubrido* de gloria.»
Alumno: «Cubierto.»
Profesora: «Es que algunos verbos tienen varios participios.» *Lengua*

» ¿Sabéis cuál es el origen del sida? Las relaciones sexuales entre hombres y animales, es decir, la sodomía. *Enfermería*

» ¿En este punto cómo es la función, cóncava hacia arriba o cóncava hacia abajo? *Matemáticas*

» Vamos a analizar esta frase de Machado, de su obra *La familia de Pascual Duarte*. *Filosofía*

» Era un ministro con dos ministerios, es decir, bicéfalo. *Empresariales*

» El garrote vil consistía en que el verdugo gol-

Viriato cruzó los Alpes en elefante.

peaba al reo en la cabeza con un garrote hasta que lo mataba. *Derecho*

Pues sí que era vil esa forma de ejecución.

» Hablando de textos publicitarios, un alumno cita el lema de un anuncio de IBM. El profesor reacciona: «¡Es verdad, IBM, esa marca de coches!» *Lengua*

» Vamos a estudiar los siglos séptimo, octavo, noveno, décimo y once. *Historia*

» La teoría de la generación espontánea fue apoyada por Newton, Descartes y, mucho más adelante, Aristóteles. *Biología*

» El infinitivo no tiene valor imperativo. *Fijarse* bien, porque puede caer en el examen. *Lengua*

» Esas substancias provocan hipersensibilidad a la luz, es decir, *fotosíntesis*. *Enfermería*

» El profesor propone un problema de momentos de inercia utilizando un disco de hierro y otro de corcho. Al hacer el gráfico en la pizarra, junto al disco de hierro escribe *Fe* —símbolo del hierro—; después acerca la tiza al otro disco y, tras permanecer quieto unos segundos, pregunta: «¿Me dice alguien el símbolo del corcho?» *Física*

Angelitos.

Lo que no puede reprocharse nunca a los profesores es su constante deseo de que las explicaciones resulten absolutamente claras y cristalinas. Ante la duda, siempre tienden a ofrecer la mayor cantidad posible de datos para que el alumno no corra el riesgo de malinterpretar un comentario.

» El escritor Vicente Huidobro era chileno de Chile. *Literatura*

Si el profesor se hubiera limitado a decir que Huidobro era chileno, ¡no quiero ni pensar qué habría sido de la formación de los chicos! Gracias al cielo especificó lo suficiente para que a nadie le quedara la menor duda.

» Los sistemas de parrillas fijas son fijos porque no son móviles. *Ciencias Ambientales*

» Esta pared actúa como pared. *Periodismo*

» Era un héroe heroico. *Historia*

» ¡Aviso! Quien no haga esto bien, lo tendrá mal. *Matemáticas*

Esta advertencia fue especialmente oportuna y útil, porque el docente de turno la realizó en los momentos previos a un examen.

» Vamos a hacer el examen el próximo miércoles, que es miércoles. *Biología*

Otro acierto pleno: cuando se trata de un examen, todos los avisos son pocos.

» Los que no están, ¿es que no están o es que faltan? *Filosofía*

» Tenéis que leer un par de dos libros. *Filosofía*

¡Claro! Porque si no se especifica que son un par de dos, a lo mejor algún alumno se leía 50.000 libros, que también es un número par.

» Cervantes tuvo muchos hermanos, ya que su padre tuvo muchos hijos. *Literatura*

» ¡Atención, que esto es nuevo para los que no lo saben! *Dibujo*

» Un microcosmos es como un cosmos en pequeñito. *Filosofía*

» Los vegetales, mientras viven, son vivientes. *Filosofía*

» Cuanto más lejos estemos, más separados estaremos. *Física*

» Gauss descubrió el teorema de Gauss. *Física*

» Pensad mentalmente en la fórmula del agua. *Química*

» El espacio aéreo llega hasta donde se acaba. *Derecho Internacional*

Sí, es cierto que algunos de los comentarios parecen obvios pero, ¿quién sabe? Igual encierran algún matiz oculto.

» La mortalidad es un hecho irreversible, inevitable e irrepetible que se da con mayor frecuencia en los más viejos. *Humanidades*

» El espejo convexo no es tan fácil como el cóncavo, porque el cóncavo es más fácil. *Física*

» Para mañana, tenéis que hacer los ejercicios de las páginas 178 hasta la 179, ambas inclusive. *Química*

» ¿Qué velocidad lleva un móvil en determinadas circunstancias? Depende de la velocidad. *Física*

» Nos imaginamos una esfera. Una esfera en tres dimensiones, ¿eh? *Física*

» Describamos parábolas de tipo parabólico. *Física*

» El voto a favor del acuerdo deberá representar los tres cuartos del total, que es aproximadamente un 75%. *Estudios Empresariales*

Sí, poco más o menos los tres cuartos vendrán a ser un 75%, no se va a desviar mucho de ese porcentaje.

» ¿Qué son dos fuerzas? Dos fuerzas son un par de fuerzas. *Física*

» Hay ocasiones en las que el uso de la fuerza es lícito: cuando hay una razón que excluye la ilicitud. *Derecho*

» Esta cuestión es discutida; por eso se discute. *Derecho*

» El proyectil es una bala en realidad. *Física*

» Os puede chocar si os choca; si no, no. *Filosofía*

» El autor de este libro está muy fallecido. *Derecho*

Este autor no era de ese tipo de personas que fallecía a medias o de refilón, sino que falleció profundamente, a conciencia. Siempre fue una persona con las ideas claras.

» La velocidad de una bola antes y después es igual a la velocidad de una bola antes y después. *Física*

En ocasiones, ese deseo de explicar al máximo cada concepto lleva al profesor a caer en curiosas redundancias. Aunque lo importante, que nadie lo olvide, es que no haya posibilidad de malentendidos.

» En la agresión influyen variables que varían; por eso se llaman variables. *Derecho*

» Antes de aquí, que hay datos, no hay datos, porque hasta aquí los datos son cero, ya que no hay datos. *Historia*

» Analicemos la casuística particular de los casos que se pueden presentar en estos casos. *Física*

» La vértebra ápex es la de la mitad de en medio, que está en la mitad de la curva. *Fisioterapia*

» El cero absoluto es el cero más cero de todos los ceros. *Física*

» Los principios del derecho informan cuando informan, e informan hasta que dejan de informar. *Derecho*

» Tiene tres coches propiedad de su propiedad. *Economía*

» La libre elección no implica una libre elección con elecciones. *Derecho*

» Son personas humanas. *Arte*

» *Temperate* significa «temperamento, pero "temperamento temperado"». *Inglés*

Ésta ya se acercaba a la categoría de trabalenguas.

» El trabajo en termodinámica relaciona las relaciones que existen entre la transmisión de calor y su relación con el trabajo de un sistema. ¿Está claro? *Física*

Para mí no, desde luego, aunque no niego que tiene mucho mérito hilar una frase así.

Si vamos un paso más lejos en el análisis de la expresión oral de los profesores, superaremos estas dos fases —la de las explicaciones, digamos, ligeramente perogrullescas y la de las redundancias— y nos introduciremos de lleno en el ámbito de la incomprensión más absoluta.

Ocurre algunas veces que el profesor cae presa del agarrotamiento mental. Este estado se alcanza como consecuencia del cansancio, del aburrimiento o, más frecuentemente, de la llamada «exasperación alumnil», es decir, cuando el profesor está hasta los c... de los alumnos. Y un profesor con agarrotamiento mental es propenso a proferir expresiones difícilmente descifrables por sus oyentes —en este caso, los propios alumnos causantes de su mal— o, incluso, ininteligibles.

En este apartado hay pocos comentarios que añadir: las cosas que se dicen son lo suficientemente incoherentes como para que huelguen las palabras.

» En los exámenes te evaluarán por lo que sabes, no por lo que sepas, que eso lo sabes tú solo. *Lengua*

» Bajad el televisor un poco más alto. *Química*

» Este movimiento se da en España, más concretamente en el resto del mundo. *Literatura*

Pobre gente. Hay que ver a qué estado de nervios les llevamos para provocar estas disfunciones.

» Recrearse en el yo es, en suma, recrearse en un mundo infinito que se manifiesta en el yo, que es, en definitiva, por el yo. *Filología Francesa*

» Como vosotros sabéis, no es lo mismo volar en la tierra que en el agua. *Ingeniería Aeronáutica*

» Yo tengo en cuenta la luna para cortarme el pelo: lo hago en cuarto menguante que es más barato. *Física*

Éste es, en sentido literal, un lunático.

» Quien siembra calabazas, cosecha nabos. *Matemáticas*

» El profesor explica un ejercicio: «Hay que pisar en

el *plinton* con la pierna que queda fuera y luego la primera pierna levantarla mucho.» *Educación Física*

» Si hacen más de un caso no les voy a contar puntos de más ni de menos, sino todo lo contrario. *Diseño*

» ¿Sí o no? ¿Sí o no? ¿Alguien que no? Pues, señores, es que sí. ¿Qué me dice usted? ¿Que no? ¿Sí? Entonces es otro cuento. *Matemáticas*

Este hombre estaba histérico; había que verle.

» El *Discurso del método* está formado por tres partes, y la más importante es la cuarta. *Filosofía*

» El éxtasis de santa Teresa es un tema de éxtasis. *Arte*

» Este tema está bastante sucesivamente bien. *Arte*

» Todas las palabras que terminan en «-aje» y «-eje» se escriben con «Z». *Lengua*

» Porque las vacas que yo he visto no vuelan; aunque a lo mejor sí. ¡O dan leche los postes de telégrafos! *Filosofía*

Algunos de verdad que llegan a alterarse mucho.

» Aposentarse bien las cositas que tenemos en la cabeza por dentro; así, ustedes se aclaran para cualquier resquicio que tengan en la penumbra. *Matemáticas*

» ¿Qué les parece eso de ser intransitivo? Está feo, ¿no? *Lengua*

» La sinapsis es una separación que une, valga la redundancia. *Medicina*

» Si estás con tu novia mirando las estrellas y ves que la Luna sale por la Puerta del Sol... ¡Tate, que llega el fin del mundo! Bueno, o Kepler estaba equivocado o es que yo os he mentido. *Física*

» Un avión puede poner huevos y cantar. *Lengua*

» Los hombres realizan la absorción por los pelos absorbentes de la nariz. *Biología*

» Quien haya hecho BA le quedará igual, y quien haya hecho AB le quedará lo mismo, pero al revés. ¡Qué bonito me ha quedado! *Matemáticas*

» Hablando sobre las mareas, una alumna pregunta: «En este caso, ¿hacia dónde va el viento?» Profesor: «El viento es eso que sopla.» *Medio Ambiente*

» Ustedes sigan haciendo el tontaina, porque así conseguirán lo que otros no desearán. *Inglés*

5 LA RISA VA POR ASIGNATURAS

Aunque no todos, muchos profesores son gente bienintencionada cuyo principal objetivo es que se entiendan sus explicaciones. En ocasiones eso les lleva a expresarse como si hablasen para tontos —de hecho, muchos aseguran que efectivamente hablan para tontos—, y tratan de evitar que se produzca el menor malentendido.

» Complejidad vertical: mide la profundidad de la jerarquía o, dicho de otro modo, la distancia entre el jerarca absoluto y el paria más miserable. *Economía*

» Las corrientes analgésicas se usan para producir... —tras pensar un rato— analgesia. *Fisioterapia*

» Estamos hablando de construcciones civiles de

carácter hospitalario, es decir, hospitales. *Arquitectura*

» Si P implica Q, Q implica P. Por napias. *Matemáticas*

» El edificio tiene una altura de... de... Bueno, una altura muy alta. *Arte*

Pues eso. ¿Para qué liarse? Una altura muy alta y ya cualquiera se puede hacer una idea de que es un edificio *asín* de grandote.

» Un sólido rígido es como un... cualquier cosa. *Física*

» Infinito más infinito debe dar... ¡Un infinito más gordo! *Matemáticas*

» Una curva es una cosa redonda. *Matemáticas*

Hay profesores a los que les gusta explicar como quien cuenta un cuento. Y así salen historias muy bonitas y muy bucólicas y muy pastoriles. ¿Para qué complicarse con terminología técnica si hay cosas que se entienden mucho mejor en forma de historieta?

» El amputado se enchufa la prótesis como un calcetín y se va con su pierna a todas partes. *Fisioterapia*

» Explicando el dintel de la catedral de León. «A la izquierda vemos a los justos, *amuermaos*, tocando el arpa. Para eso, nos vamos al infierno donde, como se ve a la derecha, hay más juerga y caos, que es lo divertido.» *Arte*

» Los glóbulos rojos quedarían muy monos y respetables si tuvieran forma de estrella, pero se irían clavando por ahí y por eso son tan redondos. *Biología*

» Explicación de los dipolos instantáneos: «Están los dos carbonos tan tranquilos con sus electrones cuando, mira tú por dónde, es el cumpleaños de uno y se van todos los electrones para allá. Después, cada mochuelo a su olivo.» *Química*

» Hablando del movimiento parabólico: «Si disparamos un cañón con una inclinación de 90º, hacemos el gilipollas y el enemigo se ríe de nosotros.» *Física*

» Conocemos las cosas porque las hemos visto antes. Por ejemplo, si a uno de vosotros os presentan una chica, no decís: «¿Tú qué eres? ¿Una berenjena?» *Filosofía*

» La abeja reina hace un vuelo nupcial y vuela por los campos floridos con los machos, que están como locos, y como la reina no le hace ascos a

A la izquierda del dintel de la catedral de León vemos a los justos, amuermaos, tocando el arpa. Para eso, nos vamos al infierno, donde hay más juerga y caos.

nadie, todo el que llega se la... Lo diremos más finamente: inseminan a la reina. Cuando la reina está satisfecha, se encierra y los machos que se jodan. *Ciencias Naturales*

Esto casi podría ser un guión cinematográfico, con todos sus elementos: planteamiento, nudo y desenlace. Como mandan los cánones. Y encima incluye escenas de sexo, que venden bastante.

» Para mí los diptongos y los hiatos son como los matrimonios: al principio se quieren mucho y son diptongos; luego se separan y cada uno por su lado: entonces son hiatos. *Lengua*

» Expulsión de Adán y Eva del Paraíso: «Cuando salieron del zoo ya no podían seguir desnuditos como los bichos, así que se tuvieron que vestir.» *Filosofía*

» Grecia: «Los dioses se asoman desde el Olimpo y dicen: "A ver qué hacen estos *desgraciaos* de abajo." Además, como unos son del Barça y otros del Madrid, imaginaos la que se forma allí arriba.» *Arte*

» Dos átomos por un electrón se pelean más que dos hermanos por la merienda. *Química*

» Los africanos en la colonización debieron de sentir lo mismo que si vinieran ahora los marcianos a la Tierra con su tecnología avanzada: nos disparan y nos paralizan. *Historia*

» Hay que comprobar el estado de consciencia del paciente. Por ejemplo, viendo su respuesta ante estímulos dolorosos: si dice algo cuando le damos una bofetada o una patada. *Fisioterapia*

Otros prefieren aprovechar las excelencias didácticas que ofrecen las comparaciones, las imágenes o los ejemplos.

» En un cono, si la altura es pequeña nos sale un sombrero de chinos; y si la altura es grande, nos sale un cucurucho de pipas. *Matemáticas*

» «El oído medio es donde te metes el dedo y te sacas la cera.» Y ante el murmullo general y las risas: «¿Qué pasa? ¿Es que me van a decir ustedes que no lo han hecho nunca?» *Anatomía*

» Como demos créditos de esa forma, vamos a acabar en Carabanchel, jugando al mus con Mario Conde. *Empresariales*

» Si los electrones tuvieran cualquier tipo de aceleración, éstos caerían al núcleo del átomo y no existiría el mundo; seríamos un pegote, en plan vicioso. *Física*

» Ejemplo: un contrato contra la moral es contratar a un chulo para que te busque una puta que te haga un servicio. *Empresariales*

» Las legiones romanas eran los geos de la época. *Historia*

» Una ballena es como una sirena, pero más gorda. *Biología*

En definitiva, se trata de que las explicaciones queden claras, cristalinas. Lo de menos es qué técnica utilice cada profesor para conseguirlo.

» La derivada es pequeña, es decir, crece flojito. *Matemáticas*

» ¿Aquí te resbalas y bajas 500 o 600 metros? ¡No, te despeñas! *Geología*

» «El proceso científico de la egestión es... es... ¡Es cagar, vamos!» Y ya puestos: «No hay que confundir la egestión, que es cagar, con la eliminación de líquidos, que es mear.» *Biología*

» Un grillo puede hacer esfuerzos sorprendentes para convertirse en diplodocus, pero no lo conseguirá. *Filosofía*

» El protón de hidrógeno sin la molécula del

agua es una cosa muy canija, muy canija. *Química*

» En la pasiva refleja, el verbo es un hijo de puta y te engaña; es un cabrón. *Lengua*

» Alumna: «¿Se puede ver un óvulo con el microscopio?»
Profesor: «Sí, puede ser.»
Alumna: «Pero, ¿de dónde lo puedes sacar?»
Profesor: «Hombre, pues mismamente de un conejo.» *Biología*

Pues mismamente, claro que sí.

» Si suministramos más potencia al aparato, palma. *Física*

» Las partículas *beta* salen a toda leche y las *alfa*, como que se caen. *Física*

» Si se va el pH, la cascamos. *Química*

» Si cogemos cien litros de agua, es una burrada porque no terminaríamos nunca de calentarla. *Química*

Otra herramienta que utilizan los profesores en sus explicaciones para conseguir mayor eficacia es la originalidad. Cada uno a su manera, el objetivo es mantener la atención de los alumnos, y en algunos casos incluso lo consiguen.

Cada colectivo docente tiene su forma, su estilo, su modo de hacer las cosas. Los profesores de arte son unos artistas. El arte es algo abstracto, etéreo, y las explicaciones tratan de acercarlo lo más posible al liso y llano entendimiento.

» Hablando de los motivos de la arquitectura cretense: «Aparecen figuras femeninas bailando el *Macarena* de la época. Mirad, ésta está bailando el *rascallú*.»

» En este retrato se aprecia más naturalismo, aunque el pelo rizado es un poco antinaturalista; más bien parece que tiene ensaimadas en la cabeza.

» Si recortáis el hombre tumbado y el perro rojo que aparecen en el cuadro *Los bañistas*, de Seurat, ni se notaría.

Probablemente Seurat sí lo notaría.

» Esta obra es de un autor muy famoso, que me han dicho que os suena por las Tortugas Ninja y que se llama Donatello.

» Explicando una portada gótica: «Aparecen representados Pedro, Pablo, Vilma...»

Muy ingenioso el tío.

» La Torre del Oro es un ejemplo de las llamadas torres albarranas. Por favor, no lo confundan con una enfermedad de la parte baja del intestino.

» No olviden la regla de oro, sea de la época que sea el cuadro: tú te encuentras una mula, un buey y un enano, y sabes que eso es un Belén.

» El Escorial atraía a los pintores como la mierda a las moscas.

¡Qué comparación más artística, pura poesía!

» En una sesión de diapositivas, después de ver cinco esculturas seguidas de Venus, aparece otra en la que se ve a un señor con pelo rizado y barba: «No penséis que esto es otra Venus.»

» Velázquez era un cabrón con pintas.

¿¿¿???

» En esa época se pintaba al fresco. Pero eso no significa que pintaran al aire libre.

Dejemos a los artistas y adentrémonos en el mundo de la biología, por seguir un orden alfabético. Los biólogos pasan por ser personas serias, incluso muy serias, algo a lo que contribuye esa bata blanca que casi siempre llevan puesta.

Sin embargo, no hay que asustarse, en el fondo son gente normal. De todas formas, a veces se refieren a los seres humanos de forma poco tranquilizadora, pues para ellos la humanidad es su herramienta de trabajo y se refieren a los hombres como el periodista a su ordenador o como el carnicero a su cuchillo.

» Nosotros es como si fuéramos un tubo: boca, estómago, intestinos…

» En el pavo hay 82 cromosomas y en el humano, 46; aunque hay mucha gente pava con 46 cromosomas.

» Ahora que hemos terminado el tema de la sexualidad, vamos a practicar.

A más de uno se le pusieron los pelos de punta.

» Lo normal en los hombres es tener más de un dedo.

» Los seres humanos no tenemos poder de regeneración, es decir, si perdemos una pierna es difícil que nos vuelva a salir completa.

» Cuando terminamos la organogénesis se nos acaba el material de nutrición, así que se forma el cordón que comunica con el cuerpo de la madre. Por eso somos parásitos de la madre y, si podemos, lo seguimos siendo más tarde.

Qué verdad más gorda.

» Una alumna se extraña al ver la forma de una neurona porque no es como la profesora había explicado. La profesora le dice: «Ustedes han estudiado las neuronas como si explicando el cuerpo humano tomáramos como ejemplo el de Claudia Schiffer. ¿Y qué quieren que les diga? No todas las neuronas son Claudia Schiffer.»

» Profesor: «¿Cuál es la vacuna contra la sífilis?» Mientras, dos alumnos están hablando sin hacer ni caso, y uno de ellos exclama: «¡No me jodas!» El profesor lo oye y comenta: «Sí, ésa es la mejor vacuna.»

» Si queréis saber cuál de los dos gametos es el de mayor tamaño, no tenéis más que fijaros en las mujeres: ellas son más gordas.

Afortunadamente, los profesores de biología no sólo hacen gala de esa naturalidad cuando hablan de los humanos, sino de cualquier ser vivo.

» La biosíntesis de las proteínas es como una fábrica de chorizos o como un tren en el que se suben y se bajan aminoácidos.

» «Las levaduras están continuamente dividiéndose; es como un *non stop rock 'n' roll*. ¡Qué marcha!» Y para los más escépticos: «Aunque no lo crean, las levaduras se aparean, pero hacen menos ruido que nosotros.»

- Explicando la reproducción por gemación: «Me sale un chichoncito aquí y aparece otro Manolito.»

- Este tipo de conjugación bacteriana se llama sexducción. ¿A que parece el título de una película porno?

- Hablando de aminoácidos: «Tened cuidado con las direcciones, porque si os metéis por dirección prohibida podéis sufrir un grave percance.»

- Imagínate un ecosistema tan sencillo que sólo estáis tú y unas gallinas.

- El profesor, poniendo un ejemplo de un animal cualquiera: «Imagínate el pingüino devorador de la provincia de Cádiz.»

- Es una proteína de paso doble, pero sin música.

- Los herbívoros son los animales que consumen hierba. Pero los que se la comen, no los que se la fuman.

Pasemos a otro gremio: el derecho. ¿Quién dijo que esta especialidad era aburrida? Eso depende, como siempre, de la persona que se suba al estrado a impartir lecciones. Empecemos con una serie de preceptos teóricos.

» Las malaventuranzas del derecho son: «¡Ay del que desconoce sus derechos, porque no se le respetará ninguno!»; y «¡ay del que no tenga dinero para pagarse un abogado, porque será como si no tuviera abogado!».

» El principio de los actos procesales no significa que metamos los actos en una lata de conservas para que no se estropeen.

» La regla de prevalencia es como un coche-escoba.

» Un proyecto puede no ser rentable y, sin embargo, encontrar inversores. Normalmente se denomina estafa.

En los periódicos tenemos ejemplos a manta.

» Siempre hay una norma que aplicar; si no, se busca; si no se encuentra, se sigue buscando; y si tampoco se encuentra, se inventa.

Todo en esta vida se rige por reglas, por sistemas normativos, empezando por el propio gobierno de los países.

» Cada parlamentario tiene en su escaño un panel donde marcar *sí, no* o *abstención*. Esto tiene sus problemas porque los asientos, por muy listos que sean, no identifican el culo de sus amos.

- Hablando sobre la institución de la Corona, una alumna pregunta: «Y entonces, ¿la reina para qué sirve?» Profesor: «Usted no se preocupe, que el rey sabe muy bien para qué sirve la reina.»

- Hay una serie de regulaciones tácitas. Tácitas, no *tacitas*...

- No conozco ningún caso donde se haya aceptado el dolo como causa de nulidad de un tratado internacional: si un Estado es tonto, pues se fastidia.

Tampoco hace falta apuntar tan alto. La misma vida cotidiana está repleta de situaciones reguladas por los sistemas de normas.

- Exigencias administrativas: te piden la póliza, vuelves. El DNI ya lo tienes y entonces solicitan un resguardo... A esto se le llama puteo administrativo.

- El avalista, en el 95% de los casos, es un gilipollas, porque si nadie paga va a pagar él.

- Ejemplo de abuso del derecho: putear al vecino.

- Se oye un largo frenazo de coche y dice el profesor: «¡Uuuuy! Un poco más y tenemos un caso práctico *in situ*.»

Vamos con otro grupo: los filósofos. Los profesores de filosofía suelen tener una visión muy particular de la realidad, que a veces se parece bastante poco a la propia realidad: los hay utópicos, bohemios, imaginativos... Quizá por eso son de los que mejor relación tienen con los alumnos. Muchos de ellos sueltan lo primero que se les pasa por la cabeza, y así salen las cosas que salen.

» El absurdo es una ligadura de trompas.

» La metafísica es igual que la mona: aunque se vista de seda…

» El vacío no existe, salvo en los frascos de mermelada.

La terminología también permite a los profesores dejar detalles interesantes para la posteridad.

» La *sophia* es el conocimiento chachi.

» Estoy hablando del *protos*, no confundir con Portos el mosquetero.

» El *kosmos aithetos* es una mierda *mojá, pinchá* en un palo, secándose en un solar.

Es que los hay muy viscerales.

» La *verdad universal* es la que vale para ahora: aquí

o en la Cochimbamba y Pernambuco, pasando por Cuernavaca.

- Si no fuera por la patata, la mayoría de ustedes no existiría; por eso, la patata es el *arjé*.

- *Faktum* se escribe con *k* porque es alemán, no porque sea de la movida alternativa.

- Es la *diarresis*, parecido a la diarrea.

La historia de la filosofía ha dado personajes que hoy en día son verdaderos mitos. Es el caso de Platón y Aristóteles, que vienen a ser a la filosofía lo que Pelé y Maradona al fútbol.

- Según Aristóteles, lo que decía Platón no eran bobadas, sino farfolla de la olla.

- Es humor, pero no son Faemino y Cansado; son Platón y Zenón.

- ¿Quiénes somos? ¿De dónde venimos? ¿A dónde vamos? Esto lo pregunta Aristóteles y la policía.

Algunos tienen muy reciente aún el mayo del 68.

- Hablando del mundo de las ideas de Platón: «Vas por el monte y te encuentras un excremento de vaca. ¿Quiere decir eso que en el mundo de las ideas existe el excremento de vaca perfecto procedente de una vaca perfecta?»

- Hoy en día dirían que Platón es un asqueroso y un clasista.

- Aristóteles es la reoca en bicicleta.

- Si Aristóteles dice que viene un marciano... Bueno, eso no lo dice Aristóteles, lo digo yo.

Hay otras grandes figuras que también despiertan pasiones: santo Tomás, Kant, Descartes, Marx...

- Santo Tomás es uno de los filósofos más chulos que hay. Tiene unos cojones... Es para decir: «¡*Chapeau*, Santo Tomás!»

- Las ubres de la razón están cubiertas con Descartes.

- ¿Qué tiene que ver Alien con Marx, si Alien no tiene barba y Marx sí? Además, Alien tenía un rabo enorme y Marx no. Ah, que has dicho alienación.

- Decartes flipaba porque encontraba verdades con su método.

- Sócrates es un sofista de los buenos.

» ¿Entendéis a santo Tomás mejor ahora con este esquema? La verdad es que es un esquema estúpido.

» ¿Qué os creéis, que llueve por casualidad? ¡No! ¡Llueve porque hoy tengo que explicar Descartes!

» El materialismo coincide con el Marx *madulto*, es decir, con el Marx maduro y adulto.

Las explicaciones pueden llegar a ser muy imaginativas.

» Santo Tomás no era un gilipollas, era un filósofo.

» Según Marx, Feuerbach era un cochino idealista.

» El filósofo Crasius no tiene nada que ver con Tom Cruise.

» Descartes es realista, lo que no quiere decir que sea del Real Madrid.

» Los sofistas son como la poesía: te dicen todo muy bonito, todo queda bien, con buenas palabras, pero luego es mentira.

» A Descartes le daba gustirrinín encontrar verdades, como cuando uno encuentra un tesoro o una novia.

Sin embargo, por muchos esfuerzos que hagan nuestros honorables docentes hay que reconocer que la filosofía es una ciencia difícil, muy conceptual, lo que muchas veces obliga a los profesores a tirar de ejemplos de la vida cotidiana.

» Mirad esta tiza: compacta, ¿no? ¡Pues tiene unos barrancos de tres pares de narices!

» Profesor: «No se puede *ser* y *no ser* a la vez.»
Alumno: «¿Y Bibí Andersen?»
Profesor: «Bueno, en términos aristotélicos el paso de Manolo a Bibí sería un cambio accidental.»

» La idea no está expresamente en el texto, pero se puede ver si se rasca: ya está abierta la veda de pesca, así que a ver quién la encuentra.

» Cuando vas en coche, no le preguntas a las ruedas si quieren ir a Burgos.

» ¿Qué es superior, una mesa o yo? Pues aunque estéis a favor de la mesa, el mejor aquí soy yo.

» Un empirista diría: «¿Experiencia divina? Bah, pura fornicación.»

» A los pases largos de Schuster algunos los llaman pases y otros, pelotazos.

» No son vigilantes de la playa, son vigilantes de la sociedad.

» Según Kant, Zidane no es un fenómeno, sino un ser en sí.

» En esa cultura era preciso que seis varones de bien sorprendieran a la mujer adúltera. Así que se hacía muy difícil verificar el *coito ergo sum* que decía Descartes.

» Hablando del ser absoluto y del cambio sustancial: «Imagínate que se te cae el pelo, destino muy probable en muchos varones. ¿Seguirías siendo tú mismo?»

» ¿Cuál es la felicidad de la vaca? Vaquear. Si no llega a ser por el *nous*, el hombre sería feliz vaqueando, moneando o *cebolleando*.

» Un ejemplo de diferencias culturales: «Si un hindú ve una vaca, ve un dios; si yo veo una vaca, veo un filete con patatas.»

Se ve que la vaca constituye un elemento didáctico muy socorrido.

» Cojamos un ejemplo de bicho que estemos seguros de que no va a resucitar: la cucaracha. Espero que en el cielo no haya cucarachas, porque sería una asquerosidad.

Nos quedamos con la vaca.

» La analítica trascendental de Kant es como las lentejas sin caldo: si no les echas un poco de leche, se te indigestan.

» La verdad es que todos los filósofos que apoyan esta teoría están más tontos que ayer.

» ¿Tenéis alguna duda *spice*-platónica?

Pues a pesar de todos los esfuerzos por simplificar y por repetir las cosas, a veces sí que quedan dudas por resolver y las cosas no terminan de quedar claras.

» Es Platón, no me cansaré de decirlo. Bueno, sí, me estoy cansando.

» Ya no sé si soy o no soy.

A los profesores de física les pasa un poco como a los biólogos: el mundo es su campo de pruebas. La ventaja que tienen es que, precisamente por conocer el mundo como lo conocen, son muy gráficos a la hora de definir conceptos.

» La inercia es la vaguería de los cuerpos.

» Las fuerzas de Van der Walls son como dos gordas saltando.

» Obtener *H* a partir de *Hg* es muy fácil: *g* se cae por la fuerza de la gravedad.

» El calor es un Casper ondulante que pasa de un cuerpo a otro.

» El principio de Pascal es el que os impide estar pegados al suelo como un sello.

» ¿Sabéis lo que es la entropía? ¿Sí? Pues ya veis qué complicado es el mundo: nosotros aquí comiendo nuestra comidita y, mientras, nos estamos degradando.

» El mundo anda despistado tras el concepto de energía.

Brillantes, sin duda, pero es que además encuentran ejemplos en todas partes.

» Vamos a calcular el período del péndulo. Es un apartado muy importante. Fíjense si es importante que a mis hijos les he comprado un reloj de cuco para que se vayan familiarizando con las oscilaciones.

» Un movimiento vibratorio armónico simple se produce cuando por la mañana tiras de un muñeco de esos que están agarrados a un muelle y por la tarde sigue dale que te pego.

» Las fuerzas van como la Guardia Civil: por parejas.

» Si te mueves a 2 x 105 km/s... ¡Qué emocionante!

» Refiriéndose a la densidad del agua: «Quien se ahoga en Ribadesella se moja menos que quien se ahoga en Gandía.»

Qué consuelo para el de Ribadesella.

» Las fuerzas inerciales se notan sobre todo cuando las viejas se caen en el autobús.

» El profesor ata una tiza al extremo de un hilo. «Esto es un péndulo. Como veis, la física es muy barata.»

Estas materias dan mucho juego, y cada docente lo aprovecha a su manera, imprimiendo a sus clases un estilo personal y único.

» Si giramos una moneda alrededor de un eje exterior, ¿qué se forma? ¡Un donut!

» Para poner un ejemplo sobre sistemas de referencia inerciales y no inerciales, el profesor dibuja en la pizarra el Sol y la Tierra. «Ahora, ponemos un observador inercial en el Sol», y dibuja un monigote en la circunferencia que representa al Sol.
Un alumno objeta: «Profe, no se puede poner a nadie en el Sol.»
Profesor: «¿Por qué no? Si es de la tribu de los Pies Calientes.»

» La leche se sale porque huye del fuego.

Eso parece poco científico.

» Sólo se mueven los electrones. Si no, un trozo de cobre empezaría en Galicia y acabaría en Madrid.

» La aceleración permanece invariable... Luego, es la primera vez... ¡Luego, es virgen!

» Será necesario el nombre «*spin*» para designar el movimiento de los electrones, ¡porque no lo vamos a llamar «conga»!

» Un electrón que va tan lento por una trayectoria parabólica acabaría en los infiernos.

» El sistema internacional es de obligado cumplimiento en todos los países civilizados y decentes, es decir, en todos menos Gran Bretaña y Estados Unidos.

» Al frotar un boli, éste atrae a los papelitos. Fijaos, empezamos con esto y acabamos en Internet.

» Vamos a describir el movimiento de un móvil animado, es decir, que está contento.

» El universo es muy grande. Es infinito, como quien dice.

Eso, como quien dice.

» La electricidad empezó como un fenómeno de feria: ver saltar chispas siempre ha gustado a la gente.

» Eso se comprueba frotando un pedazo de ebonita con una piel de gato… Sacrificando el gato en beneficio de la ciencia, naturalmente.

» Este método es tan elegante como Juninho y Kiko.

» Lo de hoy ha sido una introducción; mañana empieza el porno duro.

Y aunque no siempre cuentan con los mejores

medios para impartir sus clases —«¿El material de la escuela? Bueno, el otro día estuvo por aquí Leonardo da Vinci y le pareció obsoleto»—, también se empeñan por destacar lo fácil y lo importante que es la asignatura.

» La termodinámica la entenderán ustedes porque la entienden los abogados y los licenciados en Filosofía, y más torpes que ellos…

» Esta fórmula es tan fácil que viene hasta en los Bollycao de física.

» Esto que voy a hacer es una idiotez, pero es muy importante.

» Estas fórmulas son muy importantes: son las que un físico se llevaría a una isla desierta.

» ¿Se ha enterado todo el mundo de este problema de campo eléctrico? ¿Alguien se ha perdido o le ha dado un calambre?

A pesar de todo, todavía hay quien no se entera, lo que obliga a los profesores a recurrir a argumentos incontestables.

» Esta fórmula no se la demuestro. Están ustedes en un colegio de curas y esta fórmula es una verdad de fe, así que se la creen.

- El resultado tiene que ser negativo, no hay más narices.

- Con el tercer principio de Newton sabremos las fuerzas que actúan sobre un objeto. ¡Y no se inventen nada más!

- Un alumno pregunta un tanto indignado: «¿Por qué las estaciones del hemisferio norte tienen que ser las correctas?»
  Respuesta del profesor: «Porque somos los mejores.»

- Cuando uno dice que el Sol sale por el este y se pone por el oeste, debemos creerle.

Claro que nunca se sabe qué es peor, si imponer un argumento o decir cosas como «la cuarta dimensión es lo del tiempo y eso». Así no es fácil enterarse. De todas maneras, hay de todo, incluso detractores de los físicos más insignes de la historia.

- Isaac Newton era un auténtico cabrón, un *desgraciao*.

Hay muchas formas de contar la historia. De ahí que cada profesor de esta materia tenga su visión personalísima de determinados hechos, así como de personajes, de países, etcétera. Y no se cortan.

» Pedro I *el Cruel* era una hermanita de la caridad.

» Hitler sólo tenía un testículo y mirad dónde llegó; si eso sirve de algo, mañana me corto un huevo.

» Lenin fue un dictador desde que lo parió su madre.

» La reina virgen, Isabel I de Inglaterra, era un putón de marca.

¡Hala! ¡Toma libertad de cátedra!

» El rey de Francia a mitad del siglo XVI era Paco, Paquito I.

» De cintura para abajo, todos los reyes funcionan fenomenal.

» Los romanos de la antigüedad eran unos cerdos con tirantes.

» A los alemanes les va más la guerra que a un tonto una tiza.

» Los irlandeses suministraban mucha mano de obra a los ingleses porque se reproducían mucho.

En cualquier caso, con los historiadores ocurre como con cualquier otro gremio de profesores: cada uno es libre de explicar como le parezca.

» Las fronteras de África parece que están hechas con tirachinas, porque son todas líneas rectas.

» En la época de Isabel II los republicanos cabían en dos taxis.

» Sancho III dividió su reino entre sus tres hijos, como si de una tarta se tratase: para uno las guindas, para otro el chocolate y para otro el bizcocho.

» El *connubium* es el matrimonio legal sólo entre patricios. Vamos, como los del *¡Hola!*

Si es que el cotilleo ha existido toda la vida.

» A las carreras de áurigas iban miles de personas. Era como hoy un partido entre el Barça y el Madrid, con el hipódromo lleno... Aunque esto no se corresponde del todo con el ejemplo tan tonto que he puesto.

» Los irlandeses fueron como una verruguita, como un grano de pus para los ingleses.

» Sobre los sistemas bismarckianos: «Italia, en el baile europeo, le ponía los cuernos a Alemania con Francia, mientras el hermano débil y enfermo de Turquía se quedaba solo.»

» Hablando de los Juegos Olímpicos que se celebraban en la antigua Grecia: «Los atletas, untados de grasa, corrían desnudos por el estadio. Cuando acababan, les quitaban la grasa con un rascador y hacían pelotillas para freír torreznos.»

Nunca más volveré a comer torreznos.

» Ante el *crack* del 29, la gente decidía suicidarse, lo cual era muy peligroso tanto para el que se tiraba por la ventana como para el que pasaba por debajo.

» Para recordar la invasión alemana de Austria, acuérdense de la familia Von Trapp, de *Sonrisas y Lágrimas*, que es tan maja.

» La revolución se puede hacer de forma violenta o a ritmo de rigodón y con bombones de crema.

Sin embargo, no todas las teorías sobre revoluciones coinciden:

» Las revoluciones no se ganan dialogando: se ganan a cañonazos.

A los atletas de los Juegos Olímpicos de la antigua Grecia les quitaban la grasa con un rascador y hacían pelotillas para freír torreznos.

En cualquier caso, lo más saludable es comprobar cómo se meten los profesores en sus propias explicaciones, hasta el extremo de no saber ni lo que han dicho:

» «En la Revolución Francesa participaron todas las clases sociales: burgueses, obreros y *to'a* la polla.» Los alumnos se ríen y el profesor, rojo, pregunta: «¿Qué he dicho?»

Vamos con los de lengua. Dado su dominio del idioma no es extraño que este grupo se caracterice por la expresividad y riqueza a la hora de hablar.

» El verbo *cantar* es transitivo: se puede cantar una canción; se puede cantar *La Traviata*; se pueden cantar veinte en copas...

» Hablando sobre tabúes: «Los niños llaman al pene de cualquier forma menos por su nombre: colita, pito, cuchicuchi...»

» Alumno: «¿Qué significa "genocidio", si "*geno*" es engendrar y "*cidio*" es matar?»
Profesor: «No sé. ¿Matar a todo engendro?»

Rápido, el tío, ¿eh?

» Profesor: «Si digo: ¡Qué grande es esta clase! ¡Qué listos son mis chicos! ¡Qué guapa es Pilar!... ¿Qué son?»

Alumno: «Mentiras.»
Profesor: «¡No, hombre, son exclamaciones!»

» Coño es una palabra polisémica.

» El pretérito perfecto es como el turbodiésel de la narración.

» Hablando de extranjerismos. «Es incorrecto decir "*en base a*".»
Alumna: «¿También es incorrecto decir *en base de*?»
Profesor: «Claro, a no ser que sea "*envase de plástico*".»

Otro con reflejos.

» Cuando a un niño, en vez de decirle que vaya a orinar o que vaya a mear, le decimos que vaya a hacer un pis o a hacer aguas menores, le podemos estar creando un trauma psicológico.

» Hay estructuras que son evidentes, pero hay otras que «*ésta sí, ésta no, ésta me gusta, me la como yo*».

» El esquema es: esconde la mano que viene la vieja.

» En la frase «Juan se bebió una botella de whisky», si se suprime el «*se*» la oración no sufre ninguna alteración; la alteración se produce en el estado emocional de Juan.

» Hablando de los tiempos verbales: «El futuro no existe, por mucho que digan los predicadores; el futuro no existe, lo que no quiere decir que no tengáis futuro.»

» Ejemplo de imperativo: *Cómete esa hermosa pizarra verde.*

» Los relativos los tiráis por la ventana. ¡A muerte con ellos!

A pesar de la vehemencia de algunos, a veces no consiguen disipar las dudas de sus pupilos, y tratan de resolverlas hasta las últimas consecuencias.

» Por buscarte me he perdido yo.

Antes de terminar el apartado dedicado a los lingüistas, rescatemos algunas perlas de sus primos, los profesores de literatura.

» Las protagonistas de las obras románticas son subnormales: les pegas un soplido y se mueren.

» En esta época destaca Juan Ramón Jiménez, al cual se le conoce casi siempre por su burro.

» Hablando sobre *La Colmena*, de Cela: «Esta Laurita es algo boba; bueno, tonta del culo, como se dice hoy en día.»

» Podemos comprobar que la tuberculosis es una enfermedad muy romántica, por eso la emplean muchos autores en sus obras de amor.

» Y ya sabéis que todo es mejor con dos *hiperbatones* por banda, viento en popa a toda vela.

Lo de *hiperbatones* lo dijo aposta. Espero.

» Sobre la muerte de Calixto: «Operación tortilla y Calixto acaba como un sello de 80.»

» Supongamos un pueblo cualquiera, por ejemplo, Villaqueteempujoynosubes.

» Profesora: «¿La gente qué prefiere: que les hagan reír y llorar o que les hagan pensar?»
Alumno: «Pensar.»
Profesora: «¿Ah, sí? ¿Por eso ven *Qué apostamos*; *Sorpresa, sorpresa*; *Lo que necesitas es amor*; *Gran Hermano*...?»

Los profesores de matemáticas no son tan cuadriculados como algunos los pintan. Tienen sus manías y sus cosas, pero cuando entran en acción pueden resultar tan entretenidos como cualquier otro, por qué no. Empecemos con algunas definiciones, expresiones, dichos...

» El concepto de límite viene a decir que si yo cojo la munición cerca del 2, el disparo va a caer cerca del 2/3.

» Todo vector tiene su módulo, es decir, su corazoncito.

» La trigonometría es como las cerezas: viene en racimos.

» Un logaritmo es una mierda comparado con una potencia.

» Los vectores se suman como chorizos: de arriba abajo.

» Quitarle el «0» a un espacio vectorial es como caparlo.

» Deriva y vencerás.

» Esto, en realidad, es lo mismo que lo de arriba, pero escrito más bonito: es azúcar sintáctico.

No hay duda de que las expresiones más agresivas las utilizan cuando se refieren a las funciones.

» Se simplifica esto y *x* se va a Nueva York.

» La función se explota y se va.

» Derivar una función de funciones es como pelar una cebolla.

» Y matamos la función.

El matemático da lo mejor de sí mismo, sin duda, cuando se encuentra a gusto y ya ha cogido carrerilla. Entonces sí que se le ve disfrutar.

» Estos vectores son libres, libres como pájaros.

» Profesor: «¿Cuánto tiene que valer *x* para que la ecuación se cumpla?»
Alumnos: «Infinito.»
Profesor: «Infinito como poco.»

» Un máximo relativo es como el Salamanca en el fútbol, que es líder de la provincia. Pero el Madrid… ¡El Madrid ya sería máximo absoluto en toda España!

» Está *e* elevado a *x* muy aburrido en una fiesta. En esto que se le acerca una chica y le dice: «¿Por qué no te integras?» Y éste le responde: «Pues porque me quedaría igual.» Moraleja: la integral de *e* elevado a *x* es *e* elevado a *x*.

Magistral.

- Aquí podemos observar cómo la función corta a la asíntota con descaro y desparpajo.

- Un ejemplo de punto es el centro de Marte, pero como no sabéis dónde está, no nos sirve.

- Explicando probabilidad: «Existe una mayor probabilidad de encontrarse en un desierto con los *Back Street Boys* que con Cindy Crawford, por la sencilla razón de que ellos son más.»

- Euler parió el número *C* y luego la palmó, posiblemente por el parto.

- Coged el punto que queráis, porque tenemos más puntos que un jersey.

- El ocho tumbado se convierte en el signo de infinito porque se siente deprimido al estar a dos velas el día de san Valentín.

- Este 1 se queda más solo que un hongo y nos da pena.

También los matemáticos, cuando las cosas se ponen feas, se ven obligados a simplificar al máximo sus explicaciones a la espera de una mejor comprensión de los alumnos.

- Hallemos al caballo blanco de Santiago neperiano de *e*.

» El polinomio cero no tiene grado: es soldado raso.

» La función se estrecha como en época de crisis.

» Tenemos un sistema de dos ecuaciones con dos incógnitas y, como ya somos mayores, lo hacemos por Gauss.

A pesar de ello, las matemáticas resultan dificilísimas para muchos alumnos, que después de una explicación permanecen inmóviles mirando al profesor con expresión hueca.

» ¡Puñeta, no hay forma! A lo mejor es posible enunciar el teorema de Pitágoras con la música de *La vaca lechera*.

» ¿Tú qué te crees, que la asíntota es la asistenta? Pues no, es una recta.

» Los determinantes son sencillos, pero si nos ponemos en plan zanahoria y usamos el método salvaje, puede resultar un total chirrido intelectual.

» Vamos a ver si nos llevamos bien: si al infinito le restas 1, el infinito se queda tan ancho.

» Tras repetir varias veces la misma explicación: «De verdad, creedme.»

Y al final siempre queda un grupo que prefiere tirar por la calle de en medio y utilizar un estilo que ni sí ni no, sino todo lo contrario. Este estilo genera, habitualmente, cierta desorientación.

» ¿Qué pueden hacer dos rectas en el espacio? Pues irse de copas.

» No podemos considerar la posición del vector como una variable, porque si lo hacemos pasan cosas horrorosas que no nos gustan nada.

» Esto lo dejamos porque es una chuminada y esto otro porque es una coña marinera.

» Para realizar esta integral habrá que recurrir a artificios insospechados.

» Por dos puntos pasa una sola recta pero, ¿y si los puntos fueran más gordos?

Los profesores de dibujo técnico son otro tipo de matemáticos.

» ¿Quién era Apolonio? ¿Un pastor de Cercedilla? ¿Un matemático chino? Con ese nombre... ¡era griego! Resolvió las tangencias sin un compás Faber-Castell y sin una papelería al lado.

» Con los giros, rectas y cambios de plano, hacemos un cóctel Molotov y seguimos.

» El profesor está usando un listón de madera de unos dos metros y lo mueve sobre su cabeza dándole vueltas como ejemplo de las distintas posiciones que puede adoptar una recta en el espacio tridimensional. «Voy a darle más despacio, no sea que me vaya para arriba como un helicóptero.»

» Con este sistema se resuelven todas las tangencias posibles y queda resuelto un problema de la humanidad. Vamos entonces a por otro: la viruela.

» Para ver esta recta me tengo que poner las gafas de Supermán, porque se va a otro cuadrante que estaría fuera de la pizarra.

» Ver esto puede marear un poco, así que si alguien se toma una aspirina, que me dé a mí otra.

Por cierto, que debido a las peculiaridades de la materia que imparten, los profesores de dibujo se pasan media vida junto a la pizarra. Y la tiza forma parte de sus vidas.

» Profesor: «¿Alguno de vosotros estuvo en los Juegos Olímpicos de Barcelona?»
Un gracioso: «Yo corrí los 1.000 metros.»
Profesor: «¡Perfecto! Ve a por tiza.»

Hay otras formas de mandar a por tiza:

» Democráticamente impuesto, Champi, te mando a por tiza.

Para colmo, al rato el alumno vuelve con el encargo cumplido, pero el profesor no parece muy satisfecho:

» Te han dado tiza de calderilla, parece que has estado pidiendo tiza en el metro.

¡Cuántas historias ha protagonizado una simple tiza blanca!

» La tiza ésta es como esnifar cualquier cosa.

» Si quieren, jugamos a tirarnos tizas.

Turno para dar un repaso a los del sector sanitario: médicos, fisioterapeutas, enfermeras y enfermeros, podólogos...

» Al paciente hay que hablarle de forma que nos entienda. Es mejor decirle «Levante el brazo derecho» que «Abduzca en el plano sagital».

» Hay seres que se constipan y luego se desconstipan; y hay seres que se constipan y luego no se desconstipan; por lo tanto, mueren.

» El profesor, explicando una práctica en el laboratorio de física: «Aquí tenemos la hembra e introducimos la banana. Así de sencillo, así de sexual.»

» Los riñones no tienen forma de habichuela; las habichuelas tienen forma de riñones.

Cuestión de pareceres.

» Como todos ya conocen la glándula mamaria en reposo, pasemos a otra cosa.

» La glándula mamaria se estimula por la succión, como ocurre durante la lactancia o por otros estímulos mecánicos que no voy a citar.

» Hablando del aborto: «...y cada vez que el doctor iba a sacarlo, el feto se movía; porque uno puede ser feto, pero no gilipollas».

» Ésta es la tripilla, por donde el hombre come. Y esto, el pecho, donde late el corazón; éste bombea más rápido cuando estás enamorado, y todavía más rápido cuando estás en pleno apogeo.

» Estómago sólo hay uno, como la madre.

» Cuando nos vamos a chocar con el coche y pisamos el freno, el hueso del talón del pie, el calcá-

Cuando nos vamos a chocar con el coche,
lo mejor es saltar antes del golpe.

neo, se rompe siempre. Por eso, lo mejor es saltar del coche antes del golpe.

Claro, porque si te matas, pues te has matado. ¡Pero el calcáneo, intacto!

» El profesor, hablando de la piel, acerca el brazo a una alumna para poner un ejemplo: «Toca, pero no te hagas ilusiones.»

» Cómo distinguir una mala película de terror de una buena: en la mala, al abrir un abdomen, las vísceras no salen disparadas ni impactan contra el techo.

» Si no dejamos estar constantemente a las madres con los niños integrados en planta, es para evitar la gitanería que se forma.

Llega la hora de hablar de los McGiver de turno, esos que cogen un calcetín y un huevo y son capaces de fabricar una bomba atómica: los profesores de química. Peligrosísimos.

» El formol se usaba antiguamente para dormir a los pacientes. Lo dejaron de usar cuando vieron que algunos se quedaban dormidos para siempre.

» Todos los que han hecho estudios sobre el pH son daneses. Debe ser porque tienen un carácter muy ácido.

» Quiero saber si es posible una reacción a 100º porque todo es posible en Granada, depende de los granadinos.

» A Lavoisier le pesaba tanto la cabeza, que por eso lo decapitaron.

» La sal es una sustancia que necesita respirar. Por eso los saleros tienen agujeros.

» El cromo con valencia 4, ¿qué hace? Los cromitos.

» Los ajustes de reacciones químicas son infinitos, como los caminos del Señor.

» Es lo mismo tomarse una aspirina sin principio activo que te metan un ladrillo por debajo de la puerta.

» Los óxidos de metales de valencia intermedia tienen carácter reversible, como esas chaquetas de dos caras o los edredones quc por un lado son de rayas y por el otro tienen flores.

Todo lo relacionado con la composición molecular de la materia acapara un protagonismo importante en las clases de química. Los profesores tratan de hacer la materia accesible.

» ¿Y cómo estarán los protones más a gusto, todos

juntitos y acurrucaditos dentro del núcleo atrayendo a los electrones o esparcidos por ahí?

» Aquí tenemos este donut. Bueno, este orbital con forma de donut.

» Al átomo le da lo mismo todo.

» Son orbitales atómicos puros de oliva.

» En el estado líquido, las partículas se mueven unas respecto de otras, mientras que antes estaban ordenadas y calladas.

» El átomo es Plácido Domingo y ahí están sus fieles electrones y orbitales que van siempre a sus conciertos.

Cualquier esfuerzo es poco cuando se trata de simplificar la materia y de acercar los conceptos al entendimiento de los alumnos.

» El Colacao se disuelve bien en la leche caliente, algo fácilmente explicable según el teorema del Colacao.

» Los carbonoideos son la panda del carbono.

» Cuando el cromato de plata empieza a precipitar, el cloruro de plata ya lleva precipitado tres veranos.

» Un orbital se mete dentro de otro, al igual que el Alien dentro de las personas.

» Vamos a comparar niños gritando y saltando con moles de átomos gaseosos.

» Entropía: todos los fenómenos naturales tienden al desorden. Véase lo que ocurre en los pasillos del instituto.

En definitiva, la química resulta mucho más cercana a la vida cotidiana de lo que muchos piensan:

» A continuación os voy a dictar la fórmula del whisky, para que sepáis lo que bebéis el fin de semana.

Antes de dar por terminado este capítulo, recuperemos algunos comentarios más, procedentes de materias variadas, que también merecen su pedacito de gloria.

» Pregunta el profesor: «¿Qué significa *rubber*?»
Responde un alumno: «Goma.»
Y el profesor aclara: «Goma en todos los sentidos de la palabra.»

» El significado y sentido del jazz va más allá de la música. Tiene incluso ciertas connotaciones sexuales. Así que ya sabéis: hay otras formas de hacer el jazz.

» En clase de ordenadores: «Pulsad la tecla de *escape* una vez. Ahora, pulsadla otra vez.» Un listo pulsa por tercera vez y se sale del programa. «¡Ah, sí! Los que tengan Parkinson van a estar todo el rato saliéndose del programa.»

» ...del mismo modo que es mejor hacer el amor que leer manuales de cómo hacer el amor, que por cierto venden a muy buen precio en los VIPS.

» Hay ordenadores que te dicen «Me cago en tu padre, cabrón», y hay que apretar el *intro* para que se calmen.

No queremos saber con qué tipo de ordenadores trabaja este señor.

» «¿Qué significa el verbo *suppedito*?» Silencio. «¡Venga, hombre! ¿Qué significa? ¿Un pedito muy pequeño?»

» Placa litosférica es a isla volcánica como cinta transportadora es a maleta.

» Los japoneses no son una raza inferior, lo que pasa es que son muy raros: allí todos trabajan cobrando sólo un cuenco de arroz.

» El profesor, frente al ordenador: «Abrimos un

ficherito que se llama *Control*. ¿Por qué se llama *Control*? No es por los preservativos, pillines.»

- Expresión de los sentimientos: si a uno le pica un pie, puede decir libremente: «¡Jo, cómo me pica el pie!»

- Las normas de urbanismo dicen que no puede haber una granja de pollos al lado de la Escuela de Caminos.

- En clase de Psicología de la Atención: «La atención, junto con la memoria, hacen el papel de Cenicienta. En esta aula tenemos numerosos ejemplos.»

- «*O patrona Virgo* se traduce por *Oh, Virgen, bajo tu protección*.» Se oyen murmullos y la profesora exclama: «¡Es que no veis que *patrona* es ablativo!»

- La Tierra es un cacho pedrusquillo con forma de pera.

- Que Dios no es malo, hombre. ¡Hay gente que cree que Dios es el rey de bastos!

- Si vas a Irán, te dicen: «Bienvenido al país de los puros.» Cuba también es el país de los puros, pero de los puros habanos.

» Y como material volcánico tenemos lapili. ¡Lapili, no *lalola*!

» Decir que los políticos hacen ciencia política es como decir que las prostitutas hacen ciencia de la sexología.

» Si estuviéramos en la cultura borora, yo debería venir a clase desnudo con un pene mayor que el vuestro; y el rector debería venir, también desnudo, con un pene mucho más grande que el mío y con el escudo de la universidad en la punta.

6 MATERIAL INCLASIFICABLE

Debido a la gran cantidad de horas que se pasan ante su público dándole que te pego a la oratoria, no es raro que muchos profesores destaquen por su locuacidad, desenvoltura y agilidad. El lenguaje oral es su herramienta y alguno acaba por convertirse en todo un virtuoso de la expresión hablada. He aquí algunas grandes frases que constituyen verdaderas declaraciones de principios.

» Si se aplicara el *pienso, luego existo*, no habría problemas de población. *Matemáticas*

» No me mandéis al psiquiatra, pero el trabajo es fuente de felicidad. *Lengua*

» Para ser un buen cristiano hay que ser un poco gilipollas, pero no tanto como quieren que seamos. *Filosofía*

» El hombre es el resultado de su madre y el bachillerato. *Literatura*

» Tener hijos es tan fácil... ¡Y hasta da gustirrinín! *Filosofía*

» Yo no suspendo a la gente, sino que me solidarizo con la gente que trabaja en las academias. *Física*

¡Qué majo!

» Si tu padre tiene doscientos millones y tú tienes la vida solucionada, hay que ser idiota para estudiar. *Matemáticas*

» Me tengo que guardar cosas para mí, porque si no van a acabar sabiendo lo mismo que yo. *Arquitectura*

» El que sea feo, que se aguante y que haga los recados por la noche. *Filosofía*

» El diccionario es el mejor amigo del hombre. *Inglés*

» Yo antes me subía a la parra, y ahora ya no me subo. *Física*

» Así que, si entre todos decidierais matarme, no sería una mala acción. *Filosofía*

Sí, hombre, tú sigue sugiriendo cosas. De verdad que los de filosofía no tienen remedio.

» Si somos siempre magnánimos nos convertimos en gilipollas. *Filosofía*

Hay otros comentarios que, sin ser tan grandilocuentes, también expresan formas de pensar, estados de ánimo, ideas propias —algunas un poco raras—, pensamientos subjetivos...

» Después de mandar comprar su libro: «Han conocido ustedes los gobiernos griegos. Ahora van a conocer la tiranía del catedrático.» *Historia*

» Madrid es la capital de África, pero no se lo contéis a la de geografía. ¡Tenedlo enquistado como un miedo! *Literatura*

» El *Libro Gordo de Petete* es bastante fiable. *Historia*

» Esta clase funciona mal porque estoy mal colocado. *Biología*

» ¿No sabéis latín? ¡Si los latinajos son la salsa de la vida! *Historia*

» No se preocupen, señores, hay cosas peores en la vida que mi asignatura. *Derecho*

» 3 + 3 = 6, pero no sé yo si con eso del euro... *Matemáticas*

» Tras dar las notas de un examen. «En el sueldo de un policía entra que le saquen una navaja; en el mío entra que ustedes se metan con mi santísima madre.» *Políticas*

» No hay que tener miedo a la ciencia; hay que tener miedo a los fantasmas. *Biología*

» Si yo fuera tía, crearía un grupo armado contra los anuncios de compresas. *Arte*

» Para algunos, el día de san Valentín es el día de san Ballantine's, por la depresión de estar a dos velas. *Geografía*

Incluso en las situaciones más cotidianas, en el día a día del aula, los profesores dejan su sello en forma de frase para la posteridad.

» Me tenéis tan desesperada que no sé si tirarme al metro o al taquillero. *Griego*

» Si me viera Marx, me pondría como ejemplo de trabajo alienado. *Filosofía*

» Esto que está en negrita lo tenéis que aprender más fuerte. *Dibujo*

Si yo fuera tía, crearía un grupo armado contra los anuncios de compresas.

» Al sonar el timbre que anuncia el recreo: «Alumnos, ya podéis salir a la barbarie.» *Historia*

» Tengo aquí tal follón de papeles, que hasta puede que esté la escritura del piso. *Filosofía*

» La charla sobre drogas es sólo para los de ciencias. Vosotros os podéis seguir drogando. *Arte*

» ¡A ver si nos despertamos! Y lo digo también por mí, que estoy dormido. *Historia*

» Profesora: «El lunes tenemos dos clases seguidas.»
Alumno: «¡Anda! ¿Y por qué?»
Profesora: «Porque va una detrás de la otra.» *Física*

Sensacional.

» Cuando yo estaba en la facultad, vosotros no estabais ni proyectados. *Física*

» Sí, me he equivocado. ¿Qué pasa? Lo tachas y punto. *Matemáticas*

» Mi letra es pequeña porque me llevo comisión en la venta de lupas. *Filosofía*

» Si os reís por la reproducción de las bacterias, cuando estudiemos los esquejes de los geranios os vais a masturbar en medio de la clase. *Biología*

Si es que hay algunos…

» *Tranquilidad* no viene de *tranca*, sino de *tranquilo*. *Filosofía*

» Durante toda la época medieval, todo el siglo XVI, todo el siglo XVII, todo el siglo XVIII y todo el siglo XIX se ha llamado retrete. Y ahora llegan los ingleses y hay que llamarlo *guáter*. *Lengua*

» A mí es que los reyes y esta gente no me caen bien; por eso no me sé sus nombres. *Historia*

Muy respetables tus tendencias republicanas, pero siendo profesor precisamente de historia…

» Voy a tener que disfrazarme de bruja, a ver si le cogéis miedo a las matemáticas. *Matemáticas*

» Si una chica que te gusta te guiña el ojo, te quedas veinte días *flipando*. *Sociología*

» Un problema de geometría sin figura es como un jardín sin flor, un sábado sin sol y una doncella sin amor. *Matemáticas*

La inventiva de nuestros ilustres maestros, esa labia infinita, traspasa muy frecuentemente el nivel de la pura y lisa frase grandilocuente. Sin ir más lejos, muchos de ellos se atreven a enriquecer el ya de por sí florido ámbito de los refranes y las frases hechas.

» El lobo es un lobo para el hombre.

» ¡La madre del gato verde, coño!

» No sabéis ni escribir la jota con un canuto.

Pues vaya canuto raro que hay que utilizar para escribir una jota.

» Fui a pagar al fontanero y era un atraco a grifo armado.

» ¡Ríete tú del puré de lentejas londinense!

» ¡Que se *jooooostidie* el débil, no se puede ser gilí!

» No pongo ejemplos porque, como muy bien decían los latinos, *«Intelectus apretatus discurrit que rabia»*.

» No hay que meter el cuerpo en el traje, hay que meter el traje en el cuerpo.

» Nunca digas de esta agua no beberé y este culo no es mi padre.

» Cada uno a lo suyo y los nabos en adviento, que es su tiempo.

» Esto con esto es esto, que nos vamos de bautizo.

» Contra el arte de sugerir, la virtud de no hacer ni caso.

» No me confundan el culo con las témperas.

» Como dicen en mi pueblo: «El que tiene un vicio se mea en la puerta, se mea en el quicio.»

» He intentado hacer un *circuito* vicioso.

» El dinero no sirve para nada más que para todo.

» ¡Qué nivel, Maribel!

» Encima de que la niña es fea, se llama Andrea.

¿Y qué pasa? ¿Algún problema con el nombre Andrea?

» Como dijo Benavente, cuatro por cinco son veinte.

» Ojos que no ven, gabardina que te llevas.

El rizo queda todavía más rizado cuando el refrán o la expresión hecha no surge de la imaginación del profesor, sino de la evolución o incluso del cruce de expresiones preexistentes.

» No le busquéis cuatro pies al gato.

» Esto no pertenece plenamente ni a un grupo ni a otro: está a medio caballo entre ambos.

» Es una metedura de pata como la copa de un piano.

» Aprender a redactar un tema no se hace de la noche a la primera.

» No me sale de la realísima gana.

» Te puedes meter en harina de once varas.

O en camisa de cuatro costales.

» Perro mordedor, poco ladrador.

Buceando con un poco más de profundidad en el universo de la verborrea docente nos introducimos en el cenagoso y desconcertante mundo de la polisemia, las frases reversibles, los dobles sentidos. En muchas ocasiones el alumno no llega a saber a ciencia cierta si el profesor busca deliberadamente el doble efecto o sencillamente estas frases son consecuencia de la caprichosa semántica.

» Mi asignatura no es ninguna maría. Tenéis que estudiárosla y tenéis que machacárosla en clase. *Periodismo*

» En un punto como el *G* aumenta el interés. Cuando estamos en el punto *G* lo hacemos mecánicamente. *Matemáticas*

» Un alumno llega tarde a clase y la profesora le dice: «Hoy estoy buenísima y se lo permito, pero que no se vuelva a repetir.» *Empresariales*

» Vamos a hacer encaje de bolillos con la lengua; con la lengua latina. *Latín*

» Un ejemplo de germanismo son las terminaciones «*–ez*» de algunos apellidos, que significan «*hijo de*». Pero, hombre, no penséis mal. Ya estamos... *Lengua*

» Esta barra hay que retorcerla con un par. Con un par de fuerzas. *Física*

» Vamos a aprender a meter mano... a las matrices, que son ustedes unos malpensados. *Matemáticas*

» El profesor manda a un alumno a por tizas. Cuando vuelve, le pregunta: «¿Qué? ¿Te han dado?» Y ante las risitas: «¡Que si te han dado tizas, se entiende!» *Economía*

» Un ejemplo de perífrasis es «*dar por...*» más infinitivo. ¡He dicho más infinitivo! *Lengua*

» En una sesión de diapositivas: «Este cuadro es *Venus y la música*. Vemos a Venus desnuda, y al lado un señor tocándole el órgano.» *Arte*

» El profesor, a una alumna que contesta mal por segunda vez: «Otra vez me muerdes la cola.» *Filosofía*

» Más vale pequeña y flexible que grande y mastodóntica para una buena penetración en el mercado. ¿De qué os reís? Hablo de la empresa. *Economía*

Pues cualquiera lo diría. A veces los alumnos son malpensados, pero otras es más que comprensible que den un respingo los pobres muchachos.

» Un obrero coge el manubrio y empieza a darle: «¡chaca, chaca!» *Economía*

¿Ves? Si no especifica a qué manubrio se refiere y de dónde sale lo de «¡chaca, chaca!», ¿qué vamos a pensar?

» Hablando de resistencia de materiales: «Vamos a fijar ideas con una barra.» *Arquitectura*

» Aparece una diapositiva al revés y el profesor dice: «Señorita, póngamela erecta.» *Medicina*

» Alumno: «¿Me puede corregir los dos problemas?»
Profesora: «No te preocupes, en el coche cuando esté el semáforo en rojo me da tiempo a corregirlos.» Y ante los murmullos, añade: «Vosotros no sabéis la de cosas que he hecho yo en un semáforo.» *Química*

» Cuando *alfa* es igual a *theta*, los dos senos son iguales. *Física*

» ¡Ya estamos con el bolo colgando! *Matemáticas*

» El profesor dicta muy deprisa un ejercicio. Una alumna se queja: «¡Es que me duele el dedo!» Profesor: «¿Que te duele el dedo? Mejor no te digo lo que pienso.» *Física*

Sí, mejor.

» Hay una forma de hacerlo a lo bestia. El problema, digo. *Matemáticas*

» Soy como Jesulín con el toro, pero yo con la lengua. *Lengua*

» Esta función va así y por aquí se me pone tiesa. *Dibujo*

» Como todo el mundo sabe, las plantas desprenden CO_2 por la noche, por eso es malo acostarse con vegetales. *Biología*

» Por regla general, los peces suelen tener los huevos muy grandes. *Biología*

» Hablando de las cualidades generales de los hombres: «Y la tercera cualidad que se observó en los niños fue el placer, sólo buscaban gozar... Que no, que no es eso, que siempre estáis pensando en lo mismo. Guarretes, eso es lo que sois.» *Filosofía*

» La solución tiene que ser... ¡una *theta*! Me refiero a la letra griega. *Física*

» Hablando de la relación simbólica de los números: «El número cinco simboliza las cinco extremidades del hombre.» *Psicología*

» Conmigo la vais a tener dura. La asignatura. *Inglés*

Cómo se está poniendo esto, qué indecencia de capítulo.

» El Tribunal Internacional de Justicia es donde se violan... [carcajadas generales]. ¡Eh, no os paséis que me caliento! *Derecho*

» Refiriéndose al fútbol: «Hay que meterla como sea. [Risas] Siempre pensáis en lo mismo; lo que hace el deseo por lo desconocido.» *Lengua*

» El profesor rompe la tiza: «Ya veis que me gusta apretar mucho. [Cachondeo y alboroto] Algunos vais por el mal camino, por lo que no llegaréis al equilibrio químico.» *Química*

» Abrid el tercer ojo... pero no el que estáis pensando. *Filosofía*

» Hablando sobre la regulación láctea en la Unión Europea: «Alguien ha decidido que las ubres holandesas son mejores que las españolas. Me refiero a las de las vacas.» *Marketing*

» El máximo valor de un seno es 1. Bueno, de un seno trigonométrico. *Matemáticas*

» Tengo callos en las manos de hacer trabajos manuales. *Filosofía*

» A una alumna que no deja de hablar. «No se puede ir en contra de la naturaleza: la mujer nunca puede dejar de mover la lengua.» *Química*

» No me comáis en clase. *Física*

» La profesora da explicaciones a un alumno al que acaba de suspender en un examen: «¡Es que no me la hincas!» *Física*

A dónde vamos a llegar.

Aligeremos un poco el tono, que no es plan. El abanico de recursos de los profesores cuando se dirigen a su público nos lleva a analizar ahora la *vis* ¿cómica? de muchos de ellos. Todos hemos sentido en alguna ocasión la desazón de contar un chiste ante un grupo de amigos y que no se ría nadie. Pues hay profesores que demuestran no tener el menor sentido del ridículo.

» ¿Sabéis distinguir un andaluz de un canario? ¿Y de un buitre, tal vez? *Lengua*

» ¿Qué bebes, un *Siete Up*? *Inglés*

» Un alumno pide a un profesor que repita una explicación. El profesor dice: «¿Repetimos? Es el Colacao desayuno y merienda... ¡Ah, no, que lo del anuncio son las natillas!» *Matemáticas*

» Antes de pasar lista: «El que falte que levante la mano.» *Lengua*

» Alumna: «El sujeto está expreso en la oración.» Profesor: «¿Expreso o con leche?» *Lengua*

» El profesor, al ver una tiza pisoteada, comenta: «En esta clase no se baila con lobos, se baila con tizas.» *Filosofía*

¡Mi madre, qué malo!

» ¿Qué ocurre cuando el punto está encima de la parábola? Que la parábola se queda embarazada. *Matemáticas*

» El profesor, tras estornudar tres veces: «¡Ya me han pegado el *Estornudo Mix*!» *Física*

» Sanlúcar de Guarrameda y Matalascastañas. *Geografía*

» Durante la Segunda Guerra Mundial, los soldados estadounidenses que fueron a Japón se dejaron allí muchas latas y chatarra, y con eso hacen los japoneses los juguetes y los ordenadores. *Historia*

» Alumno: «Profesor, ¿cuántos apartados entran en el examen de mañana?»

Profesor: «Eso depende de los distritos postales.» *Matemáticas*

» En la Edad Media se inventó la brújula. Sí, aquellas *señórulas* que iban montadas en *escóbulas*. *Geografía*

Esto es patético, vamos de mal en peor.

» «¿Qué es un doblete?» Y ante la falta de respuesta: «Un doblete es lo que hizo el Atleti hace unos años, ganar la Liga y la Copa.» *Lengua*

» El innatismo es el estudio de la nata de la leche. *Filosofía*

» Piensas como un estoico. No como un Stoichkov, sino como un estoico. *Filosofía*

» *Conjugar* es *jugar con*. *Literatura*

» ...y también se pueden escribir reportajes sobre personas y lugares al mismo tiempo; por ejemplo, un reportaje sobre las hoces del río Lobatón. ¿Lo entendéis? Es un chiste. Es un lugar y al mismo tiempo se habla de Lobatón, que es un periodista. ¿No? *Lengua*

De acuerdo, vamos a dejarlo porque como sigamos así no sé cómo va a acabar esto. Rebuscando mucho, a ver si sacamos gracias un poco más logradas.

» Profesor: «¿Dónde está Carlos, que no ha venido al examen?»
Alumno: «Está en la cama, con anginas.»
Profesor: «Estos griegos...» *Física*

» El seno ha de ser igual a cero, y si el seno es igual a cero, la chica está plana. *Matemáticas*

» Se oye el ruido de una sierra. El profesor, pensativo, dice: «El caso es que no se oye chillar a ningún alumno.» *Matemáticas*

» Un alumno pregunta si en la guerra hay que estar siempre atento o si hay acuerdos entre los contendientes para batallar a horas concretas. Profesor: «Por supuesto que hay acuerdos: "Oye, bombardea de 5 a 6 que tengo que ver la película de la tele." También es famoso el caso de un soldado que gritó: "¡Mi madre va a pasar con la cesta de los chorizos por el campo de batalla; no disparéis, por favor!"» *Historia*

» Algunas personas tienen el alma muy pequeña; más que alma tienen almeja. *Lengua*

» Esto es un elefante y un ratón que van corriendo por el desierto y dice el ratón: «¡Vaya polvareda que estamos levantando!» *Física*

Es famoso el caso de un soldado que gritó: «¡Mi madre va a pasar con la cesta de los chorizos; no disparéis, por favor!»

» Un alumno justifica la ausencia de un compañero: «Se ha ido porque se encontraba mal.» Profesor: «¿Pero se ha buscado bien?» *Historia*

Bueno, parece que ha subido un pelín el nivel. Veamos lo que sucede cuando nuestros maestros elevan su ocurrencia a la máxima potencia y la emprenden con los juegos de palabras.

» Es lo que se llama un ataque de miocardio. Bueno, de *tuyocardio*, porque yo estoy bien. *Filosofía*

» En este tema estudiaremos paralelas. Quiero decir, para lelas. *Matemáticas*

» Pásenme el húmero, que no quiero hacer el *humerito*. *Medicina*

» Mientras una chica piensa la respuesta a una pregunta: «Calla, Eugenio, que me dejas a Blanca en blanco.» *Lengua*

» Epígrafe nuevo: la matemática de Tales y la física de cuales. *Filosofía*

» Antes de empezar un tema de matrices: «¿Eres de Matriz? Nótese el sublime juego de palabras: matriz... Madrid...» *Matemáticas*

» Estos chicos no son tímidos; son *tímitres*. *Matemáticas*

» Y yo me pregunto: ¿por qué si *sub-rayar* significa *rayar por debajo*, *sub-ir* no significa *ir por debajo*? *Matemáticas*

» Profesor: «Os voy a dictar otra pregunta.»
Alumno: «¿Qué número es?»
Profesor: «La sexta, que es lo que uno se echa después de las comidas.» *Biología*

» Alumno: «¿De qué va a constar el examen?»
Profesor: «Nada, es gratis.» *Lengua*

» La fase oscura de la fotosíntesis es muy buena para las heridas porque *os cura*. *Biología*

» El miércoles, sintaxis; habrá que venir en autobús. *Lengua*

Y después de esta sarta de paridas, todavía los hay que no entienden que los alumnos no se rían; algunos incluso se lo toman mal.

» «La mediatriz, digo la Beatriz...» Y ante la falta de reacción de los alumnos: «¡Pero reíd, hombre!»

» Después de hacer una de sus gracias, el profesor dice a un alumno: «¿Por qué no te ríes? ¿Aquí quién es el gracioso?»
Alumno: «Usted.»
Profesor: «Pues si no te gusta, te jodes.» *Física*

» El profesor dice una tontería que no tiene gracia, y un alumno se lo dice. El profesor le contesta: «Tranquilo, el próximo día hago una gracia a tu nivel para que te puedas reír, aunque tenga que trabajar mucho.» *Lengua*

Otro recurso menos arriesgado que el chiste es la comparación, una herramienta con la que el profesor pretende aclarar conceptos.

» Los homomorfismos son como Atila y se saltan los paréntesis. *Arquitectura*

» Un comentario de texto en media hoja es como el Avecrem: muy concentrado y muy malo. *Lengua*

» Según Aristóteles, el alma y el cuerpo son inseparables, como las papas y el mojopicón. *Filosofía*

Ya está: te imaginas un plato de papas con mojopicón y entiendes perfectamente las teorías de Aristóteles. ¿No es genial?

» El dinero es como la vaselina: sirve para todo. *Contabilidad*

» La Constitución tiene más agujeros que un queso de Gruyère. *Historia*

» El calor es como el cerdo: todo se aprovecha. ¡Qué sería de la humanidad sin el cerdo! *Biología*

» No tener el texto para comentar es como merendar por correspondencia. *Literatura*

» La polis griega es como un huevo frito. *Historia del Arte*

Este paralelismo resulta algo menos claro que los otros. ¿Qué tiene que ver la polis griega con un huevo frito? ¿Sabían siquiera los griegos qué era un huevo frito? Una imagen de este tipo, ¿puede considerarse positiva o negativa? Qué enigma...

» Las cuerdas vocales no son como las cuerdas de la guitarra: las cuerdas vocales no emiten sonidos melódicos. *Lengua*

» El paraboloide hiperbólico es la Santísima Trinidad. *Matemáticas*

» El Principio de D'Alambert es más sencillo que el culo de un cazo. *Física*

No contento con esta comparación, este profesor demostró que puede resultar mucho más poético:

» Los conceptos de física son tan ligeros como las plumas de ganso. *Física*

» Era una señora tan gorda que tenía michelines hasta en el aliento. *Filosofía*

» Si Ronaldo falló un gol que habría metido un tonto, cojo, manco... a Aristóteles podemos perdonarle su metedura de pata. *Filosofía*

Las comparaciones no valen sólo para ayudar en las explicaciones, también se utilizan para referirse a los propios alumnos. Y resultan igualmente esclarecedoras.

» Estáis más distraídos que una burra en un garaje. *Filosofía*

» Alumno: «Este problema es más complicado que el salpicadero del coche fantástico.»
Profesor: «Y tú estás más *zumbao* que las maracas del Machín.» *Física*

» Oye, maja, atiende, que estás más perdida que un pato en una carrera de motos. *Filosofía*

» Pero contesta, hijo, que te has quedado más helado que el talón de un pingüino. *Inglés*

» ¡Miguel Ángel! ¡Es que no paras! ¡Eres más pesado que una enciclopedia de doscientos tomos! *Filosofía*

» Tenéis más mala leche que Danone. *Filosofía*

» Os movéis más que las *Spice Girls*. *Filosofía*

» Tenéis el futuro más negro que el sobaco de un grillo. *Matemáticas*

» Trabajas menos que el sastre de Tarzán. *Historia*

Y, finalmente, los que ya han superado todas las fases anteriores —o no las han superado, y sencillamente son así de borricos— optan por el lenguaje directo, sin censura previa.

» El teclado tiene dos teclas de «Intro»: una abajo a la derecha y otra gorda en el centro. Ésa es para los muñones. *Ingeniería de Telecomunicación*

» Antes de poner unas transparencias: «Apagad las luces para que todos podamos meternos mano.» *Economía*

» Por favor, que alguien me ayude a meter los mapas en los preservativos. *Historia*

» El profesor, pasando lista: «Oye, tú nunca vienes. Mira, chaval, si tienes necesidad de masturbarte, lo haces por la tarde en tu casa, pero a clase vienes.» *Matemáticas*

Los hay burros.

» Primer día de clase. La profesora entra y dice muy seriamente: «A mí me llaman la gamba, porque me quitas la cabeza y te comes el cuerpo.» *Inglés*

» El profesor está dibujando una gráfica en la pizarra y una alumna le pregunta: «¿Esta función tiene periodo?» El profesor contesta: «¡Claro! ¿No ves que la estoy pintando de rojo?» *Matemáticas*

» La diferencia entre Sócrates y los sofistas es que Sócrates tenía el falo más grande. *Filosofía*

» Alumno: «Pues yo creo que el placer no es la felicidad.»
Profesor: «¿Has probado alguna vez a meterte con un tripi y tu novia en una habitación oscura durante doce horas?»
Alumno: «No.»
Profesor: «Entonces, no opines.» *Filosofía*

Me estoy sonrojando.

» Si no me drogo, no aguanto. *Física*

» Hablando de la mala organización en la escuela: «Ya sólo falta que os digan que os traigáis la vaselina y os bajéis los pantalones.» *Arquitectura*

» Si esto son unas flores, mis cojones son margaritas. *Dibujo*

¡Halaaaaaa!

» Dios no existe; y si existe, hay que matarlo. *Filosofía*

» Profesor: «Esto es un Eros cabalgando sobre un delfín.»
Alumno: «¿Cabalgando, cabalgando?»
Profesor: «No, si te parece, se lo está tirando.» *Arte*

» El profesor ve a los alumnos cansados al final de la clase: «Creo que lo vamos a dejar ya, hoy os he absorbido mucho el sexo, quiero decir, el miembro... cerebral.» *Lengua*

» En la clase siguiente. Profesora: «Os noto cansados. ¿Por qué?»
Alumnos: «Es que el de lengua nos ha absorbido mucho el sexo.»
Profesora: «Pues decidle al de lengua que deje un poco para mí.» *Literatura*

» Se genera una discusión sobre si es mejor el fútbol o los toros. Alumno: «¿Verdad que donde esté una buena corrida, que se quite el fútbol?»
Profesor: «¡Y los toros!» *Física*

» En este país, quien nos salva el IPC es el paquete erótico: el pollo, los huevos y el conejo. *Estadística*

» Antes de comenzar la clase: «Todavía estáis a tiempo de abandonar la clase y marcharos a practicar sexo oral.» *Geología*

» Viendo una diapositiva de espermatozoides: «¿Cómo pensáis que me he sacado yo esto? [Risas] Bueno, eso no lo voy a preguntar en el examen.» *Biología*

» Para ligar bien no hace falta dinero; hace falta otra cosa. *Filosofía*

Después de semejantes barbaridades, es de agradecer que otros profesores se muestren más cautos.

» ¡Me dan ganas de soltar un taco! *Latín*

Para soltar un poco la tensión acumulada, terminemos con una muestra de la cara más expresiva y teatral de nuestros profesores.

» Cuando *x* tiende a más infinito, la recta es ¡uuuuuuh! *Matemáticas*

» Se ponen a pensar las cosas y pum, pum, pum, pum: les salen como las cerezas. *Matemáticas*

» Cuando comemos, el alimento va ¡cloc, cloc, cloc, cloc! y tiene que bajar. *Biología*

» ¡Pimba! Salta el automático y hay que cambiarlo. *Física*

» Corta por aquí y ¡paf!, da cero. *Física*